بسم الله نبدأ

مع قول خير البشر

وخاتم الأنبياء محمد رسولا الله صلى الله عليه وسلم

{من لا يشكر الناس لا يشكر الله}

كل الشكر والتقدير والامتنان

لجميع من ساهم في اعداد ونشر كتاب: كن مستقراً في حياتك

(الاستقرار المالى)

وشكر خاص

لوالدتي، والدي، وابنائي الأعزاء

قواعد القارئ للإستراتيجية الذاتية

فلسفة الإستراتيجية الذاتية

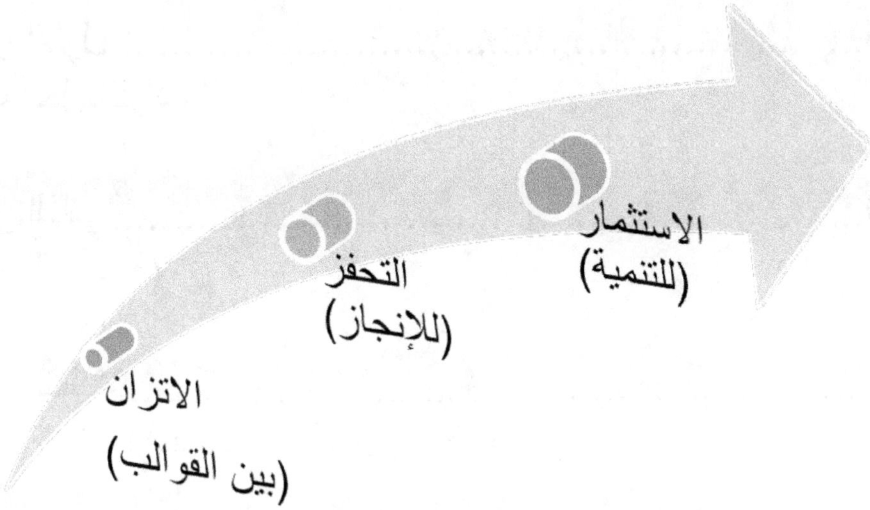

المحتوى

المفردات

دخل الفرد (الشهري):

هو كل دخل مالي شهري منظم ومستقر، على سبيل المثال (المعاش بالنسبة للموظفين)، المخصصات المالية للطلاب المبتعثين، أو حتى العوائد الاستثمارية الشهرية بشرط أن تكون مستمرة بشكل عام ومنظمة.

البصمة:

هي كل ما يشارك به القارئ من إجابات لاستكمال قوالب واختبار قواعد الإستراتيجية الذاتية لتتناسب مع قارئ، وذلك بناءً لأهداف القارئ وطموحه وخطته، والتي تُحَدَد وفقاً لقناعة القارئ الشخصية، والتي تمثل البصمة الشخصية.

ملاحظة مهمة جداً:

كل ما هو خارج نطاق الأمثلة المستخدمة في كتاب كن مستقراً في حياتك: الاستقرار المالي، بما يعني أن في الحياة أمثلة أكثر قد تناسب القارئ، ولكن استخدامنا الأمثلة لتوضيح قواعد الإستراتيجية الذاتية.

يفضل:

هو كل ما يفضله (الكاتب) شخصياً ولا يندرج تحت قوالب أو قواعد الإستراتيجية الذاتية، إنما من باب الاقتراح.

القارئ:

هو كل من يرقب بالوصل للاستقرار المالي من خلال استخدام قوالب وقواعد الإستراتيجية الذاتية.

الإستراتيجية الذاتية:

هي المسار والطريق المقترح للتحليق بأجنحة (الاتزان، والتحفيز والاستثمار) وفقاً لقوالب وقواعد الإستراتيجية الأسرع للوصول للاستقرار المالي (مراعين القدرات الفردية).

القوالب:

هو كل ما يحتاجه الإنسان من (القوالب) لتحديد أوجه الصرف في حياته. والقوالب عبارة عن شرائح من احتياجات والرغبات الإنسان الحياتية المقسمة بناءً على فلسفة الإستراتيجية.

والإستراتيجية مؤسسة لتأهيل المستخدمين للوصل للاستقرار المالي عن طريق التوازن بين **الاحتياجات الإنسانية، التحفيز للإنجاز، والاستثمار لتحسين** دخل الفرد.

القالب:

هو أحد الشرائح التي تلبي جزءاً من احتياج الفرد في الحياة، وتساهم بشكل مباشرٍ أو غير مباشر لوصول الفرد للاستقرار المالي.

القواعد:

هي كل ما يطرح من أسئلة مستحقة لتمكين وتوجيه القارئ الى الطريق أو المسار الأمثل للاستثمار بأقل مخاطر ممكنة، والتي تساهم بشكل واضح في تنمية الأموال لتحسين دخل الفرد، وأيضا أحد العوامل المهمة للوصول للاستقرار المالي.

القاعدة:

هي جزء من حجر الأساس، يستنبطه القارئ عندما يفكر بسناريو (scenario) الإستراتيجية الذاتية.

الطالب المبتعث:

هو كل مثال يكون للطلاب المبتعثين فرصة الاستثمار الأكبر من غيرهم، وذلك لا يعني أن فرصة الاستثمار غير مناسبة للأخرين، ولكن المبتعثين لديهم مؤشر خطر الاستثمار (في المثال) أقل من الآخرين.

الموظفون بالقطاع الحكومي وموظفين القطاع الخاص:

هو كل موظف بالقطاع الحكومي لدية فرصة أكبر في المثال، والخطر بالنسبة للموظفين أقل من غيرهم، ولا يعني أن المثال غير مناسب للطلاب، إنما العواقب أقل لدى الموظفين من غيرهم.

الأمثلة:

تستخدم الأمثلة في محاور الإستراتيجية الذاتية لتوضيح مسار القواعد المقترحة، وأيضاً تستخدم للقوالب.، لتفسير كيفية استخدام القوالب والقواعد للإستراتيجية الذاتية.

الطبعة الاولى

الحقوق

مكتبة الكويت الوطنية

الهويدي، عبدالله جمال إبراهيم. كن مستقراً في حياتك: الاستقرار
المالي {الكويت}: 2023

ISBN: 978-9921-0-2909-3

عدد الصفحات: 152

طريقة التواصل

YouTube:
Diwan_Altamayouz

Instagram:
@Diwan_Altamayouz

Gmail
CountOnConmpany@gmail.com

شركة كاونت اون
لاستشارات
علمية

Count On
For Scientific
Consultations Company

COUNT ON

اعتمد

الإهداء

المقدمة

الكل يطمح للوصول إلى الاستقرار المالي: الغني قبل الفقير، والقوي قبل الضعيف، والمواطن في بلده قبل المقيم، الكل يبحث عن كيفية الوصول الى الاستقرار المالي، والكل يدرك ان هنالك مشكلة حقيقية نواجها.

وقد تستنزف طاقتنا، مع العلم أن هنالك نظريات علمية جيد من حيث المبدأ حاوله جاهدناً الوصول إلى حلول عملية تساهم بحل المشكلة، ولكن مع الأسف المشكلة لاتزال قائمة.

في هذا الكتاب سوف نتحدث عن الاستقرار المالي للفرد، وفلسفة الاتزان، والتحفيز، والاستثمار المالي الذي يضمن حياة كريمة، بالإضافة إلى تمكين القارئ باتخاذ القرارات المناسب ليكون مستقراً في حياته.

بالإضافة إلى أن الإستراتيجية سوف تهب ضمان مدى الحياة للمتفاعلين مع الإستراتيجية الذاتية للوصول للاستقرار المالي، بشرطين الرغبة بالتغيير والعمل بجد واجتهاد، والدليل في سورة الرعد آية (11).

لذلك على القارئ الكريم إدراك أن المحرك الرئيس والأساسي لوصوله للاستقرار المالي هو أنت، والاستراتيجية الذاتية هي الوسيلة المرنة التي تعطي القارئ إمكانية المشاركة في الاستراتيجية ووضع البصمة الخاصة به.

سوف نكشف عن معالم الإستراتيجية الذاتية في خمسة محاور متصلة مع بعضها البعض، فمن الضروري والمهم ربط المحاور الخمسة حتى تتمكن من رؤية الاستراتيجية بشكلها الكامل.

ويكننا القول إن المحاور عبارة عن قطع التركيب كلما اكتشفت قطعة استطعت رؤية الصورة الأكبر، حتى ينتهي المحور الخامس سوف تكون الاستراتيجية الذاتية واضحة لديك بمعالمها وزواياها.

المحور الأول سوف ننظر في تقسيم دخل الفرد (الشهري)، بناءً على اهداف القارئ المالية، ونوضح أسماء ومفاهيم كل قالب رئيسي على حدى، بالإضافة إلى فرعين يندرجان تحت كل قسم رئيسي، وبالأقسام الفرعية يتشكل التفاعل الحقيقي بين القارئ والإستراتيجية.

المحور الثاني سوف نسلط الضوء ونختبر النسب المئوية المقترحة في المحور الأول، ومن خلال النسب المئوية سوف نتمكن من معرفة الأرباح المتوقع في السنوات الخمسة القادم، وذلك وفق فلسفة الخطة الخمسية.

المحور الثالث سوف نأخذ بعين الاعتبار الآليات والفرص الأمنة للاستثمار قصير الأجل، وأيضا الاستثمار طويل الأجل، وكيف يمكننا الابتعاد عن المخاطر في الاستثمارات واغتنام الفرص، وذلك بناءً على مدخراتك في قالب الاستثمار.

المحور الرابع سوف نتحدث عن المحرك الرئيسي للاستراتيجية الذاتية وهو أنتي/أنت، وكيف يمكنكم ربط المحاور الثلاث، وفي هذا المحور أيضا سوف ترى كيف لبصمتك تأثير في الاستراتيجية الذاتية، بالإضافة إلى أنك سوف تشهد أن مشاركتك قد تصل بك بشكل سريع وقد تصل بك بشكل بطيء، وهذا كفيل بالاستمرارية.

المحور الخامس: يكشف الأسباب الواقعية لقوة الاستراتيجية الذاتية، ومدى حيادية الإستراتيجية على الوقوف على مسافة واحدة من جميع البشر واحتضان اهداف، الطموح، الخطة، والبصمة الشخصية للقارئ التي تولد

العزيمة والإصرار للاستمرار في الاستراتيجية الذاتية، والتي تضمن تمكين الفرد من الوصول الى الاستقرار المالي، بشرط الاستمرارية.

المنهجية

المنهجية المتبعة لرؤية الاستراتيجية الذاتية (5W) وهي (what, where, when, who and why) كل (W) محور سوف يغطي جانباً من جوانب الإستراتيجية، كما ذكرنا في السابق، وأن المحاور كأنها قطع (puzzle) أو قطع التركيب صغيرة الحجم، حين ينتهي القارئ من قراءة الكتاب، سوف يحصل على صورة الاستراتيجية الذاتية النهائية.

في نهاية كل محور من المحاور الخمسة للاستراتيجية الذاتية هنالك سؤالين، والسبب الأساسي "التفاعل" مع القارئ في المقام الأول، لذلك أطلقنا على السؤال الأول "سؤال المحور".

والغاية المراد الوصول لها في سؤال المحور هي إدراك القارئ للمحور، بعبارة أخرى لرؤية مدى اكتساب القارئ للمحور (refreshment) أو مراجعة للمحور، بعد ذلك الأهم في المحور لتمكينكم من المشاركة.

والمشارك في السؤال الثاني مهم جداً لاستكمال المحور، وأطلقنا عليها سؤال وجهة النظر، والغاية من السؤال الثاني التفكير العميق بالزاوية الشخصية التي سوف تنسجم مع قوالب وقواعد الإستراتيجية الذاتية للوصول للاستقرار المالي للفرد.

(إجابتك تحدد مسارك، أخذ الوقت الكافي للتفكير في سؤال وجهة النظر).

بالإضافة إلى أن سؤال وجهة النظر: المراد منه وصول القارئ إلى (Brainstorming) العصف الذهني، وفي هذا الوقت يمكن للقارئ أن يصل لقمة الاستفادة من الإستراتيجية الذاتية، وفقا لقدراته الشخصية متضمنة وجهة النظر (البصمة) المبنية على تحليل قدراتك وتوصيلها بقوالب وقواعد الإستراتيجية الذاتية.

صورة لآلية استكشاف قطع التركيب بكل محور

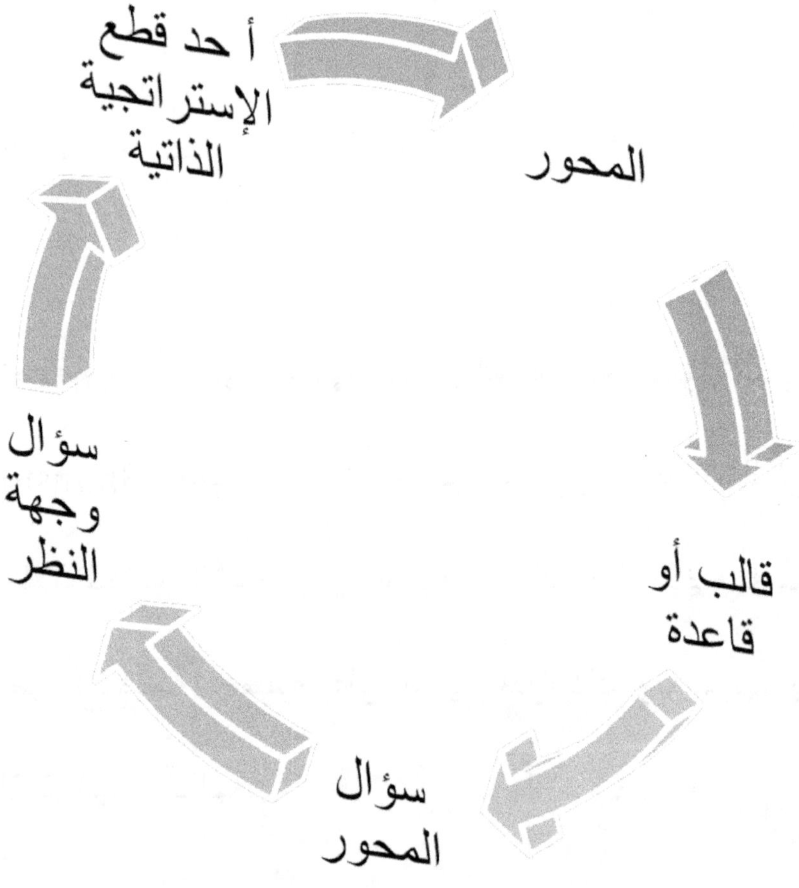

التفاعل مع قوالب وقواعد الإستراتيجية الذاتية مطلوب، ويجب التمعن بكل قاعدة للأسباب عديدة أهمها:

أولاً: أن القدرات الذاتية هي جوهر التفاعل في قوالب وقواعد الإستراتيجية الذاتية، (في المحور الرابع سوف نفصل في رؤية DNA البصمة الذاتية للقارئ في قوالب وقواعد الإستراتيجية.

ثانياً: التفكير العميق أو العصف الذهني، ومهم جداً للوصول إلى الاستقرار المالي بقناعة ذاتية ، والقناعة الشخصية هي صمام الأمان لدفعك واستمرارك في قوالب وقواعد الإستراتيجية الذاتية المتضمنة قناعاتك الشخصية.

المحاور الخمسة للإستراتيجية الذاتية

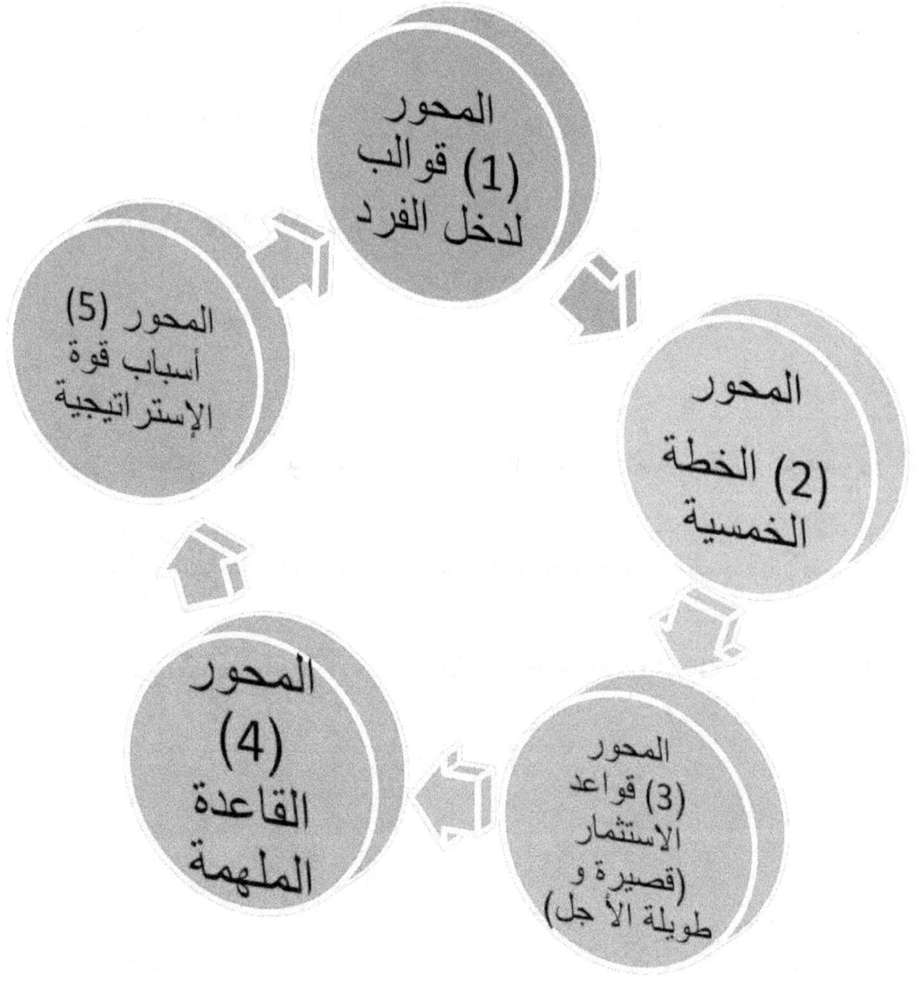

قبل الإبحار في المحاور الخمسة

واستكشاف معالم الاستراتيجية الذاتية نود أن نتحدث وننظر إلى مفهوم الاستقرار المالي، بشكل مختصر يفيد ويزيد الوعي عندنا، وذلك لسببين رئيسيين:

الأول: أخذ الأبعاد العميقة لمفهوم الاستقرار المالي.

ثانياً: الأخذ بعين الاعتبار أهمية الاختلاف في تفسير الاستقرار المالي.

مفهوم الاستقرار المالى

لاكتشاف مفهوم الاستقرار المالي للفرد سوف نأخذ خطوات إلى الخلف حتى نلاحظ الصور الأكبر "zoom out" لمفهوم الاستقرار المالي.

مفهوم الاستقرار المالي عالمياً ووفقا للدراسات العلمية هناك اختلاف بتفسير الاستقرار المالي ولا يوجد توافق على تفسير الاستقرار المالي بين البنوك المركزية والمنظمات الدولية الى حد ما.

بينما بعض المنظمات أو البنوك المركزية فسرت عدم الاستقرار المالي، وذلك قد يفسر رغبة بعض المنظمات والبنوك تقريب وجهات النظر او دفع واستبعاد أوجه الاختلاف الواقع في تفسير الاستقرار المالي، أيضا من الممكن ان تكون ترك مساحة للحوار حول منظومة تحافظ على الاستقرار المالي في العالم، ويحتمل أوجه أخرى.

الاستقرار المالي عباره عن منظومة، تحافظ على استقرار الأوضاع المالية في المجتمعات المدنية، وتحاول باستمرار البنوك المركزية والمنظمات العالمية تنظيمها من خلال انشاء القوانين واللوائح التي قد تحافظ على استمرارية الاستقرار المالي وأيضا استدامة الأنشطة والتوسعات حتى تحافظ على عجلة الاتزان.

مثال حتى يتضح المقال، لنفترض أن لدينا بالون حجم متوسط وملأناها بالهواء، أكثر من طاقتها (قدرة حجمها على التمدد) ماذا سوف يحدث؟ سوف تنفجر بكل تأكيد.

لأن كمية الهواء الداخلة إلى البالون لم تجد حيزاً أو مساحةً كافيةً لها، لتلك النتيجة كان الانفجار، وكذلك الأسواق المالية يعلم الاقتصاديون والباحثون في مجال الاستقرار المالي بأنه لا يمكن وقف ضخ الهواء بالبالون ولا يستطيعون تكبير حجم البالون، لذلك الدوران في هذا الطريق يكاد يكون متوقعاً.

أنما الاستقرار المالي للفرد، فالإنسان: كالبالون، الهواء هو دخل الفرد (الشهري) المنظم والمستمر والمحدد في استثماراته، حجم البالون هو الالتزامات والرغبات الإنسانية الأخرى.

إذا قام الانسان بضخ أموال في قالب الاستثمار أكثر من قدراته الشخصية أو السيولة المتاحة للاستثمار (تفوق قدرات الفرد)، ولا تراعي الالتزامات والرغبات الإنسانية، ذلك التصرف قد يولد عجوزات في الالتزامات والرغبات الأخرى.

علاوة على ذلك، هذا التصرف قد يسبب خسارة في الاستثمار في حالات عديدة أهمها في حالات الطوارئ، حين يحتاج الفرد الى سيولة لأمر جلل، وفي هذي الحالة مطر الانسان ان يبيع بشكل عشوائي.

وفي الحالة السابقة لم يمنح المستثمر الاستثمارات الوقت الكافي لتجني ثمارها، ويمكن ان لا يسعفه الوقت لبيعها براس مالها (لضيق الوقت)، **والاستثمار مبنى على الوقت** لذلك قد يصل الفرد إلى عدم الاستقرار المالي بالاندفاع غير المدروس.

والجدير بالذكر ان نقيض الحالة السابقة أيضاً قد يصل بـالإنسان لعدم الاستقرار، في حين كانت الأموال المخصصة للاستثمار منخفضة عن القدرات الفردية، بعبارة أخرى أن تكون عوائد الاستثمار لا تلبي الطموح والرغبات المستقبلية المتوقعة.

استثمر مبكراً حتى تجلب استثماراتك العوائد التي تتكفل باحتياجاته المستقبلية.

مهم جداً في مسالة الاستقرار المالي الاتزان ومعرفة مدى توافق حجم الاستثمارات مع القدرات الفردية دخل الفرد (الشهري)، مما يجعل التوازن وسيلة للوصول إلى الاستقرار المالي.

نتطلع في الإستراتيجية الذاتية لإيصال الافراد للاستقرار المالي بأسرع مسار ممكن، ولكن كان واجباً لمعرفة الفرع لابد من اكتشاف تأثير الأصل، لذلك كانت لمحة عن مفهوم الاستقرار المالي وكيفية محاولة الجهات والبنوك المركزية المحافظة على الاتزان في العالم.

<u>(خلال المحاور الخمسة سوف نكتشف آلية الوصول إلى الاستقرار المالي)</u>

المحور الأول
قوالب دخل الفرد

في المحور الأول سوف نكتشف أهمية القوالب المقترحة لدخل الفرد (الشهري)، ومدى أهمية وضع النسب لكل قالب من القوالب المقترحة لضمان وصولك للاستقرار المالي، وأيضا في هذ المحور سوف نحدد معالم ثلاثة قوالب رئيسية، ومفهوم كل قالب، وأيضا نتحدث عن القسمان الفرعيان لكل قالب من القوالب الرئيسية.

القوالب الرئيسة كما هو موضح بالصورة التي أمامكم قالب الالتزامات، قالب الرغبات، وقالب الادخار، القوالب المنبثقة من القوالب الرئيسيةة، قالب الالتزامات (قالب غير قابل للنقاش، وقالب قابل للنقاش) لموازنة الاحتياجات الفرد.

بينما قالب الرغبات (قالب السعادة، وقالب المكافأة) لتحفيز إنجاز الفرد ودفعه للاستمرار في مسار الإستراتيجية، والقالب الادخار وهو القالب الذي يعطي ضمان لاستمرارية تحسين دخل الفرد (الشهري)، قالب الادخار (قالب الاستثمار، وقالب الطوارئ).

القوالب الرئيسية
(للإستراتيجية الذاتية)

أفرع قالب الالتزامات

قالب الالتزامات من القوالب التي تستنزف النسب الأكبر من دخل سكان الأرض، وفي الإستراتيجية الذاتية تكفلت بتمكين الفرد من إعادة النظر بالالتزامات، حيث إن قوالبها تعطي الفرد اتزانًا في الاحتياج.

ومن الضروري أن ننظر للالتزامات في حياتنا، وأيضا نضع لها نسبة مئوية من دخلنا، ولكن مع الاستراتيجية الذاتية المنظور مختلف للالتزامات الشهرية.

في الإستراتيجية الذاتية سوف ننظر للالتزامات بمنظور مختلف بفرعين يساند بعضهما بعضاً. الفرعان يولدان أبعاداً دقيقة لمدى ضرورة الالتزامات، وهل يمكن نقل أحد الالتزامات الحياتية التي تختلف من شخص إلى آخر بمدى أهميتها، وأيضا مدى الاحتياج الحقيقي لتكون في قالب الالتزامات.

لذلك الإستراتيجية الذاتية فتحت المجال للقارئ للتفكير حول ما هي النسبة المئوية لقالب قابل للنقاش اولاً، ثم غير قابل للنقاش، والتي تندرج تحت الالتزامات والاحتياجات الشخصية الضرورية الشهرية الملحة.

ولنذكر بالمقولة المشهورة "أصابع اليد الواحد غير متساوية" لذلك وفقاً لالتزامات الفرد تُحَدد النسبة المئوية لقالب الالتزامات، مع أن النسب في الوقت الحالي أولية حتى تتضح معك الصورة الكاملة للإستراتيجية الذاتية، بعد ذلك يمكن تحديدها بشكل أدق وفقاً لقناعاتك الشخصية.

الالتزامات مقسمة إلى قالبين: الأول هو: - غير قابلة للنقاش مثال (السكن، الإنسان لا يستطيع العيش من غير مأوى)، إنما القالب الثاني في الالتزامات: هو قالب قابل للنقاش.

مثال حتى يتضح المقال يمكن للفرد أن يؤجّر سكناً قريباً من الخدمات في المنطقة وتكون تكلفة الإيجار عالية، ومع العلم أنه بإمكان الفرد إيجار سكن أبعد قليلاً من الخدمات في المنطقة، ولكن أقل تكلفة، هذا مثال من الأمثلة وقِسْ على ذلك باقي الالتزامات الشخصية من هذه الناحية الفلسفية.

تعريف الالتزامات: هو كل ما يحتاجه الفرد ولا يستطيع العيش من غيره، في القالب الأول، أما القالب الثاني هو كل ما يحتاجه الفرد ولا يستطيع العيش بدونه، مع وجود بديل (المثال السابق على السكن القريب من الخدمات في المنطقة، يمكن تبديله مع سكن بعيد عن خدمات المنطقة).

القاعدة

(إعادة التفكير بالالتزامات=تقليل نسبة الصرف في القالب=رفع نسبة الادخار= تحسين في دخل الفرد (الشهري))

أفرع قالب الرغبات

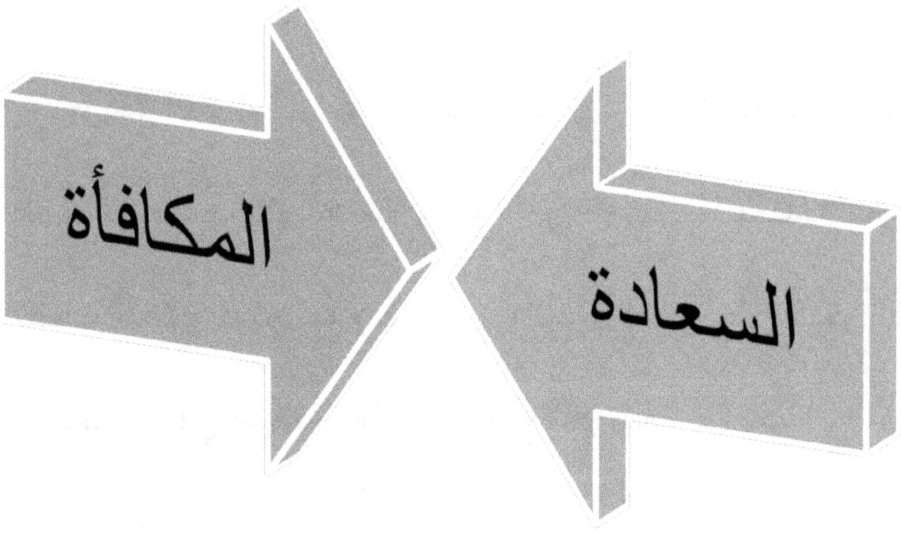

قالب الرغبات الذي يساهم بشكل رئيسي في تحفيز القارئ للإنجاز، وهو أيضاً الداعم النفسي لك ولمستخدمين الإستراتيجية، وأيضا هو الضمان للاستمرار في مسار الإستراتيجية الذاتية.

ويندرج تحت قالب الرغبات قالبان فرعيان، أولهما: قالب يطلق عليه اسم قالب السعادة، والقالب الثاني لقالب الرغبات هو قالب المكافأة، وكلا القالبين يروح عن النفس البشرية.

علاوة على ذلك، قالب السعادة مخصص ويعرف بكل فعل يمكنه أن يدخل البهجة، والفرح، والسرور على الفرد، على سبيل المثال لا الحصر (السفر للسياحة).

أما القالب الثاني من قالب الرغبات هو قالب المكافأة، ومخصص لدفعك للإنجاز، اما ان يكون الانجاز دراسي (علمي) في حياتك العلمية،

أو حتى في حياتك العملية تقدم لنفسك المكافأة بشيء يدخل عليك الفرح والسرور للإنجاز العلمي أو العملي أو الرياضي.

في القالب الثاني من قالب الرغبات هو القالب المميز لفكرة الاستمرار في العمل والإنجاز، وفلسفة هذا القالب قائمة على أساس مكافأة الذات لإنجاز علمي أو عملي أو رياضي.

ويمكن للقارئ إضافة عمل معين لقائمة الإنجازات يرى القارئ منه استحقاق للمكافأة، وذلك للتحفيز حتى يمكننا الاستمرار والاستمتاع بالحياة بأوضاع مالية مستقرة واعمال منجزة في نفس الوقت.

القاعدة في قالب المكافاة:

(العمل والاجتهاد للإنجاز=المكافأة عامل محفز للإنجازات المستقبلية)

يجب التنويه في قالب المكافأة (وضع معالم للهدف، أو تقارن بالسابق)

مثال في السابق كانت درجاتي B بعد ذلك حصلت على +B في هذه الحالة تحصل على مكافأة، ولكن المهم والضروري وضع آلية واضحة المعالم للمكافأة حتى وإن اختلفت الآليةُ (غير السابقة)، المهم والجدير بالذكر فلسفة الإنجاز لاستمراره.

أفرع لقالب الادخار

القالب الأخير من قوالب الرئيسية هو قالب الادخار، هو القوالب الذي يساهم في تحسن من دخل الفرد (الشهري) من خلال قالب الاستثمار، وأيضا يحافظ على استمرارية الفرد في استخدام الإستراتيجية الذاتية للوصول للاستقرار المالي من خلال قالب الطوارئ.

قالب الادخار مقسم إلى قالبين فرعيين: القالب الأول هو قالب الاستثمار، وهو أحد أهم المحركات الأساسية لتحسين دخل الفرد في القوالب الأخرى، إنما القالب الثاني لقالب الادخار هو قالب ذا أهمية قصوى لعملية الثبات في قوالب الإستراتيجية الذاتية، والضمان الفعال للاستمرار وهو قالب الطوارئ.

قالب الاستثمار هو كل مال قد تم تجزئته من دخل الفرد (الشهري) أو توفير لقرض استثماره، إما أن يكون السبب للاستثمار للمحافظة على الأموال المدخرة في القالب، أو تنمية الاموال ومضاعفة الإيرادات المالية لقرض تحسين دخل الفرد (الشهري).

إنما في القالب الثاني من قالب الادخار، قالب الثبات في معادلة الإستراتيجية الذاتية (للاستمرارية)، ويطلق عليه قالب الطوارئ، مخصص هذا القالب لحالات الطوارئ التي لا تكون متوقعة، بعبارة اخرى أن الأموال التي تخصص للقالب تكون سيولة (cash) ويجب ألا تتعدى قيمة ثلاث رواتب مجتمعة.

القاعدة

(الثبات في حالة الطوارئ= استمرارية الفرد بالإستراتيجية)

القوالب الاستثنائية

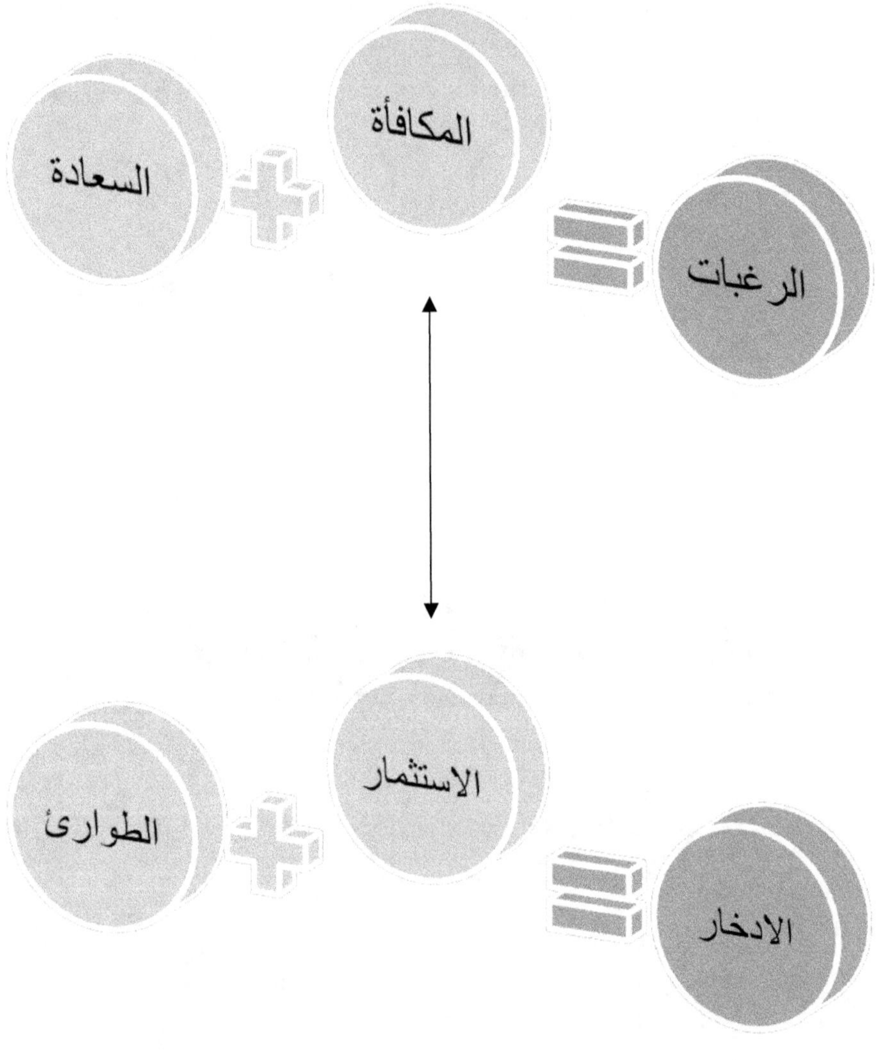
المكافأة
السعادة
الرغبات
الاستثمار
الطوارئ
الادخار

القوالب الاستثنائية

قبل الانتقال إلى كيفية وضع النسب المئوية في القوالب الفرعية، يجب مراعاة محدودية القوالب الاستثنائية، المكافأة في قالب الرغبات، وأيضا الطوارئ في قالب الادخار، يجب ألا يتعدى المبلغ قيمة ثلاثة شهور مجتمعة من دخل الفرد (الشهري)، وذلك على المدى البعيد.

مثال حتى يتضح المقال، لنفترض أن معاش أو مخصصات أحد الأفراد 1000 دينار كويتي، وقد خصص هذا الفرد نسبة 10% لكل قالب من القوالب الاستثنائية، من المتوقع في حالة عدم استخدام الأموال في القوالب ان تصل الى الحد الأقصى بعد ثلاثون شهراً.

القوالب الاستثنائية يجب ألا تتعدى 3000 دينار كويتي (في حالة كان معاش أو دخلك 1000 دينار كويتي، وكلما زاد الدخل زاد حيز القالب)، بعد ذلك الفائض من دخلك (الشهري) المخصص لقالب الطوارئ أو قالب المكافأة يذهب لقالب الاستثمار في حالة وصل أحد

القوالب للحد الأقصى. الان: كيف يمكن وضع النسبة وفقاً للأهداف الشخصية؟

أولا: قصيرة الأجل وثانيا: طويلة الأجل.

(سوف نتعرف على الفرق بينهم في المحور الثالث)

كتابة النسب

أرجو كتابة مجموع القوالب الفرعية في كل قالب رئيسي على الورقة، وإضافة النسب الأولية التي تتوافق معك، لا يوجد رقم خطأ، لذلك اكتب النسب حتى تستطيع اختبارها بالمحور الثاني، والتي تعتقد أنها مناسبة لك.

مثال

(10=1+9) (10=2+8) (10=3+7) (10=6+4) (5+5=10)

النتائج كلها في النهاية تصبح 10، لذلك الوصول للاستقرار المالي يجب أن تكون عملية توافقية بين النسب وطموحك (لتوليد السرعة المناسب لك) وأيضا لا تخل بالاحتياجات الإنسانية للقوالب الأخر.

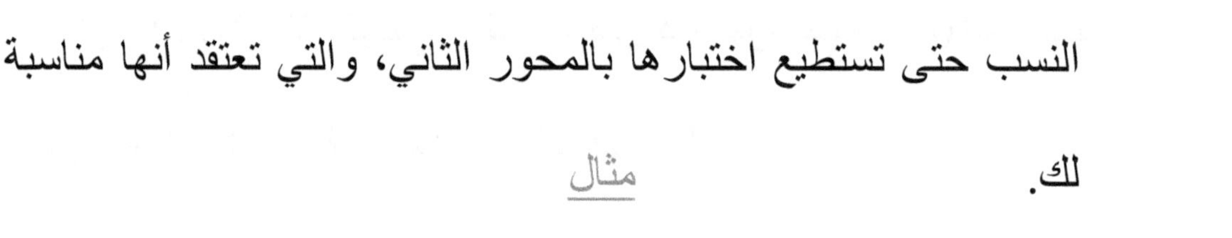

سؤالين المحور الأول

سؤال المحور

صِلْ حسب قناعتك، مع ذكر السبب؟

لماذا يندرج هذا الشيء تحت الرغبات أو الادخار أو حتى الالتزامات

اذكر قناعتك الشخصية؟

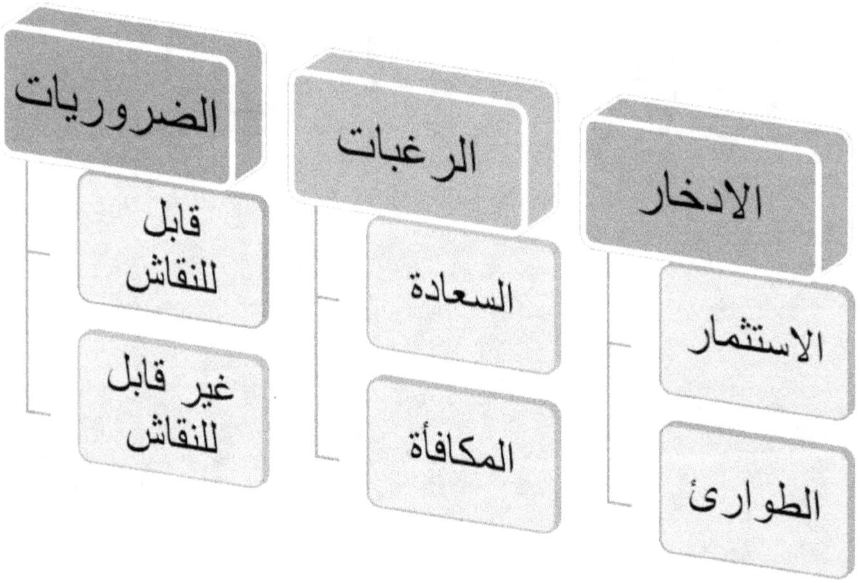

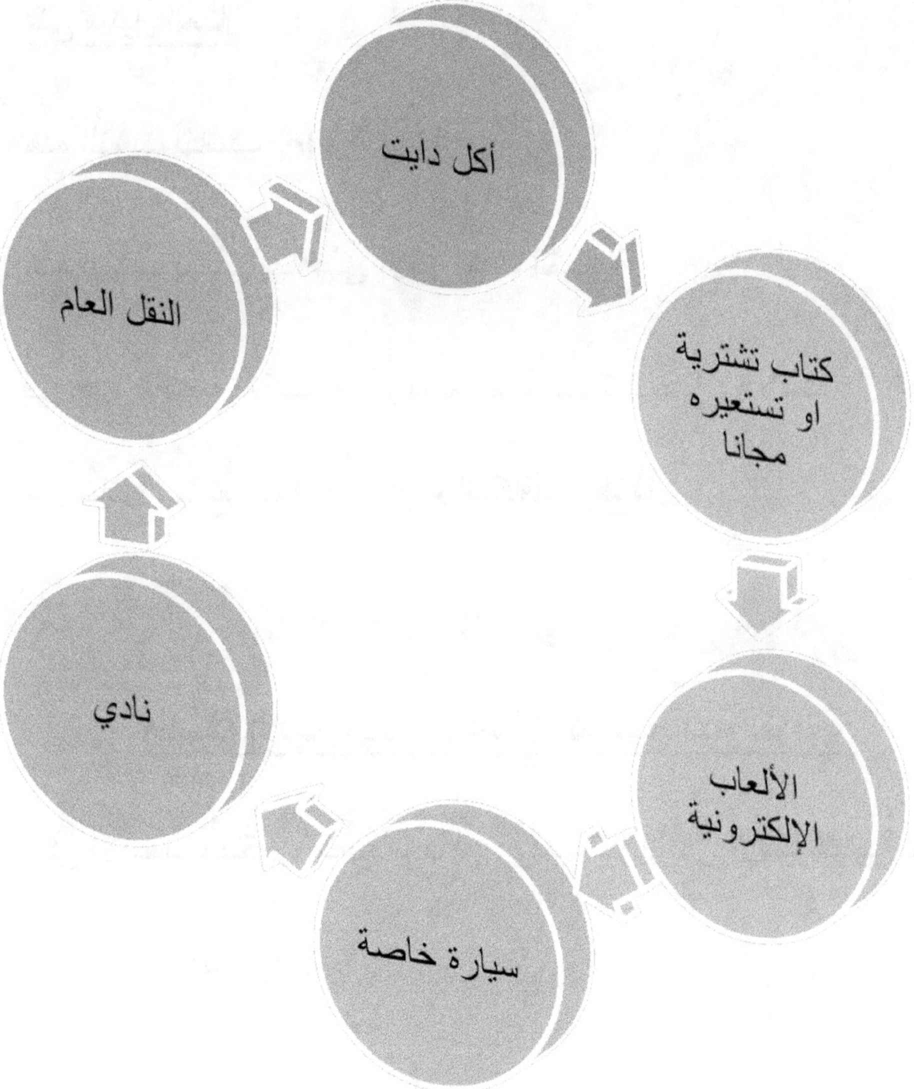
أكل دايت
كتاب تشترية او تستعيره مجانا
الألعاب الإلكترونية
سيارة خاصة
نادي
النقل العام

سؤال وجهة النظر

سؤال وجهة النظر لتطبيق الاستراتيجية الذاتية عن قناعة ذاتية، السؤال لماذا هذه النسب؟

على سبيل المثال

- هذه النسب تناسب live style
- هذه النسب تقلبت بها على الالتزامات الشكلية
- في هذه النسب تمكنت من وضع نسبة جيدة لتحفيزي لاستكمال أهدافي من خلال وضع نسبة جيدة فرع المكافأة. **وهكذا**...

قاعدة المحور

(فلسفة الإستراتيجية الذاتية + توضيح آلية القوالب)

اذكر الأسباب، لتكون لك عامود فقري للاستمرار في الإستراتيجية ذاتية، وقود للسير إلى النجاح.

الأسباب

1

2

3

4

5

6

7

8

9

10

الأسباب

11

12

13

14

15

16

17

18

19

20

المحور الثانى الخطة الخمسية

المحور الثاني سوف نرسم ونحلل النسب التي تم إضافتها في قوالب المحور الأول، ثم نلاحظ مدى انسجامكم مع نتائج الأولية للخطة الخمسية مع النسب (المقترحة من قبلكم)، والتي يجب أن تتضمن علامات التحسين في دخلكم (الشهري).

ثم نضع فرضيات مختلف حتى نبحر في عوالم مختلفة تمكنكم من رؤية آليات وسناريوهات مختلف في عالم الاستثمارات، وبأشكل تكاد تكون شامل الأنماط البشرية، وتوضيح شبه شامل لتطبيق الإستراتيجية الذاتية على ارض الواقع.

الافتراض الأول سوف نسلط الضوء على الشباب في المراح العمرية المبكر وخاصتا الراغبين بالدراسة بالخارج، ويرغبون بالابتعاث من خلال وزارة التعليم العالي لاستكمال الدارسة الجامعية.

إنما الافتراض الآخر هو العاملين في جهة حكومية، أو الموظفين في أحد شركات أو مؤسسات القطاع الخاص، سوف نختم بمثال بمثالين اخيرين تكون لكافة الناس، وذلك مهم جداً لتوضيح تفاصيل قاعدة الخطة الخمسية.

إذا أخذنا المثال الأول، والثاني، والثالث سوف ندرك أنه يمكن أن يستفيد الموظف من المثال الأول (الذي يفترض أن يكون للطلاب المبتعثين)، على سبيل المثال قد تتوافق احتياجات الموظفين في حالات عديده اذا كان الموظف يعمل خارج البلاد (مثل موظف وزارة الخارجية).

الأمثلة الثلاثة أكثر الاستثمارات شيوعاً

القاعدة

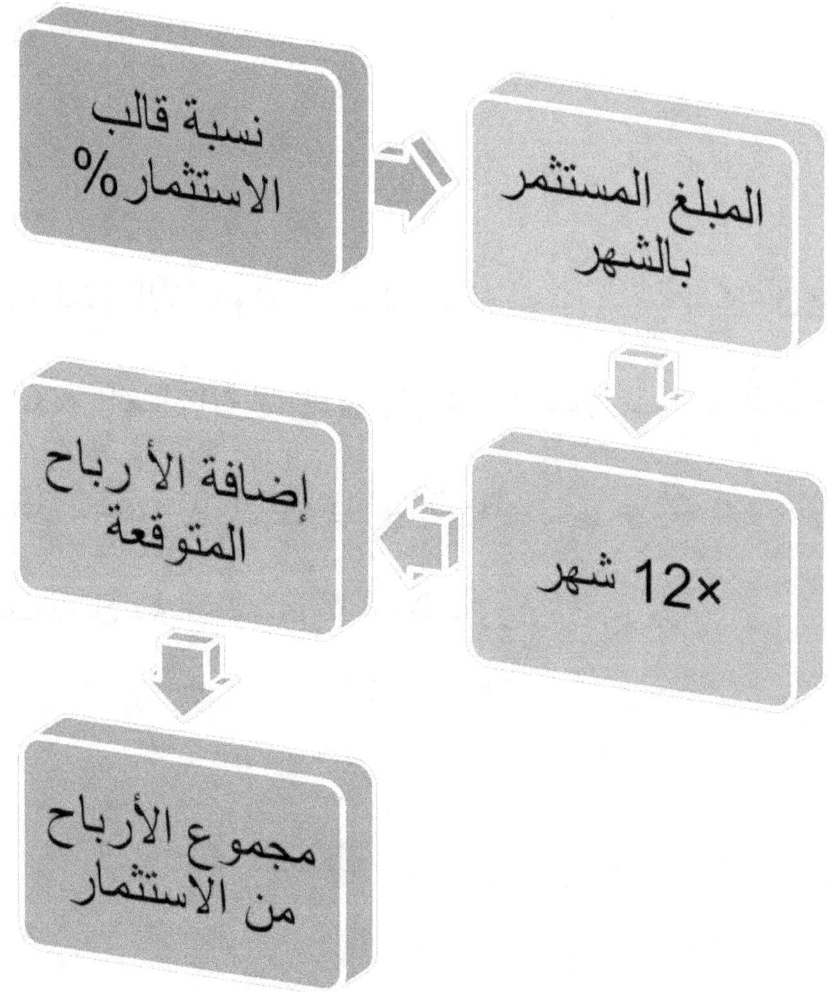
نسبة قالب الاستثمار%
المبلغ المستثمر بالشهر
×12 شهر
إضافة الأ رباح المتوقعة
مجموع الأرباح من الاستثمار

نموذج للخطة الخمسية

لنأخذ مثال حتى تتضح القاعدة، بناءً على معلومات وزارة التعليم العالي المعلنة، إن هناك اختلاف في مخصصات الطلبة والطالبات المبتعثين، وتستند الاختلافات في المخصصات المالية إلى احتياجات مقر الابتعاث، وعلى سبيل المثال أمريكا 1196 (دينار كويتي) بريطانيا 1122 (دينار كويتي) وكندا 934 (دينار كويتي).

وبالإضافة إلى الدول الأخرى عملت دراسة مبسطة للوصول إلى **متوسط** دخل الطالب أو الطالبة في البعثة حتى يكون المثال الأول على استراتيجيتنا الذاتية، متوسط دخل الطالب حوالي 1141.5 (دينار كويتي).

لنفترض أن الطالب اقترح نسبة 25% في قالب الادخار من مخصصاته المالية الشهرية (دخل الفرد (الشهري))، قسّم الطالبُ هذه

النسبة بين قالب الاستثمار وقالب الطوارئ، وكان نصيب قالب الاستثمار 20٪، يكون المبلغ المراد استثماره شهرياً 228.3 (دينار كويتي).

ضرب (×) المبلغ في 12 شهر في السنة يساوي (2.739.9)، بعد ذلك في حالة الطالب لنفترض أن الطالب لا يرغب بالاستثمار لضيق الوقت والانشغال بالدراسة (مع العلم المبالغ النقدية تفقد قيمتها مع مرور الوقت لذلك حرصنا على الافتراض حتى نأخذ الزاوية بشكل أدق).

وفي هذه الحالة سوف نضع أرباح الاستثمار على حسب اختيار الطالب (أحد الأنواع الثلاثة التي سوف نتحدث عنها لاحقاً) أرباح الاستثمار (%)، بعد ذلك نجمع نسبة الاستثمار مع الأرباح السنوية (=) الناتج ضرب خمسة سنوات.

يكون مجموع الأرباح مع مبلغ الاستثمار عند التخرج بعد خمس سنوات يصبح المبلغ بين 20.000 إلى 26.302 ألف دينار كويتي (هذه الأرقام للخطة الأولية ، إنما قد تتضاعف على حسب قدراتك).

ما هي الفائدة من القاعدة المتبع للخطة الخمسية؟ وفقاً للأرقام والنتائج المبينة عندكم على حسب نسبة الاستثمار التي وضعتها بقناعة ذاتية في المحور الأول سوف يكون عندكم معلومات أولية عن القدرات المالية للفرد وهذا يعطي مؤشراً جيداً لكتابة أهدافك المالية والاستثمارية على سبيل المثال لا الحصر.

الغاية الرئيسة من وراء قالب الاستثمار هو تنمية المال واستثمار جزء من دخل الفرد لتمكينه من الوصول إلى الاستقرار المالي (المحور الأول)، وذلك بناءً على الأهداف الفردية للإنسان.

<u>الطلاب المبتعثين أو الموظفين في الخارج</u>

<u>المثال الاول لقاعدة الخطة الخمسية</u>

في المثال الاول سوف نفترض الطالب المبتعث صاحب القدرة المالية، وأيضا سوف نفترض الموظف الحكومي، أو حتى موظفي القطاع الخاص- الذين يعملون بالخارج (وزارة الخارجية) أو مبتعث من خلال عملة (تفـرق دراسي) للاستفادة من الموظف في جوانب معينة، والسبب الرئيس هو أن المثال يصلح للفرضيتين، ولكن **شرط المقدرة**.

الاستثمار في العقار من أفضل أنواع الاستثمار (المتزن) بمعنى صعب جداً الخسارة فيه، إلا إذا حدث خطأ أو تسريب لمفاعل نووي مثل ما حدث في تشرنوبل 1986 في أوكرانيا، وأصبحت المدينة غير مرغوب بها.

ولكن في نفس الوقت يجب على المستثمر (الفرد) في مجال العقار أن يكن لديه السيولة المالية (cash) الكافية لتغطية نسبة من سعر العقار قد لا تقل في معظم الدول عن 10٪ من سعر العقار، أو أكثر على حسب دولة الابتعاث.

عل سبيل المثال لنفترض أن طالباً أو طالبة في دولة (أ) اختار أن يستثمر نسبة من مخصصاته المالية للبعثة في مجال العقار وعند هذا الفرد القدرة على دفع النسبة المطلوبة لشراء العقار، وطلب التمويل العقاري.

لنفترض أن البنك طلب من العميل 10٪ من قيمة العقار حتى يستطيع تمويله باقي المبلغ المطلوب لشراء العقار، هنا ماهي العواقب قبل المميزات؟ وذلك لسبب مهم جداً وهو أن السبب الرئيس هو الدراسة في الخارج لذلك يجب رؤية العواقب قبل الفرص.

المخاطر التي يمكن أن تواجه الأفراد الذين لديهم الرغبة بالاستثمار بالعقار. أولاً الاستقرار في المدينة التي تم شراء العقار فيها طوال سنوات البعثة.

ثانياً يجب على الطالب الحرص على أخذ قبولٍ نهائي من الجامعة الموجودة في المنطقة، ثالثاً يجب معرفة إذا كان التخصص المراد دراسته معترف به في هذه الجامعة وكذلك هنالك عواقب أخرى.

ولكن مهم جدا ذكر ما حدث مع صديق لي أثناء مرحلة الابتعاث، كنت أعرف شخصا درس الماجستير والدكتوراة (PhD) في مقاطعة لستر، وأخذ التمويل العقاري (قرض من البنك) وبضمان من الملحق، ومرت الأيام.

حتى موعد مناقشة رسالة الدكتوراه، عرض الشقة للبيع قام بدفع المبلغ المتبقي، ونجح في الحصول على شهادة الدكتوراه أيضا مبلغ مالي قد يكون مستنزفاً بالإيجارات. ولكن كان حريصا على أخذ القبول النهائي من الجامعة وأيضا الاعتماد من الملحق الثقافي.

القاعدة

(الايجار من ضمن قالب الالتزامات والاستثمار

في العقار في قالب الادخار= دمج جزء

من جانب الالتزامات لتكون في

قالب الادخار=عصفوران

بحجر واحد)

الفلسفة تمكين الالتزامات لخدمة تحسين دخل الفرد

حالات الموظفين في معظم الأحيان لا تختلف، اذا كان لديهم أوضاع مالية ومعنوية تتشابه، ولكن في حالة الاختلاف قد ترتفع نسبة المخاطر وتقل نسبة الفرص.

المثال الثاني لقاعدة الخطة الخمسية

في المثال الثاني لنفترض أن القارئ موظف في أحد المؤسسات الحكومية أو موظف بالقطاع الخاص (موظف)، (Theoretically speaking) أفضل مثال للاستثمار قصير أو طويل الأجل هو (الاستثمار بالمعرفة).

الاستثمار بالمعرفة، بمعني أن الفرد يكون على داريه مسبقة في مجال الاستثمار من خلال خبرة علمية مكتسبة في مجال الاستثمار (دورات تعليمية)، أو حتى خبرة عملية (موظف) في مجال الاستثمار (العمل في محيط دائرة الاستثمار). بـعبارة اخرى أن الفرد يكون على دراية في الأسئلة "ماذا، وأين، ومتى، ومن ولماذا" هذا الاستثمار مربح؟

الاستثمار بالمعرفة يمكن أن نلاحظه من خلال قصتنا مع أحد مكاتب التعليم، في سنة من السنوات أنا مع بعض من الطلبة والطالبات قمنا بتأسيس جمعية كويتية في الجامعة الملتحقين بها، بعد إشهار الجمعية، تم

التواصل معنا للعمل على تحسين أو تسهيل تسجيل للطلبة والطالبات المبتعثين في الجامعة.

بعد الاتفاق كانت طريقة العمل، الجمعية متمثلة بأعضائها تقوم بتوجيه الطلبة والطالبيات الذين يرغبون بالالتحاق بجامعتنا إلى المكتب، ويقوم المكتب بتوفير قبول نهائي غير مشروط للطلبة المستوفين للشروط بشكل سريع ومجاني، الكل ربحان في المعادلة.

الان كيف نستفيد ويستفيد المكتب إذا كان العمل بالمجان، هنا مربط الفرس عندم تدرس في المملكة المتحدة سوف تعلم أن الجامعات تتعامل مع الكاتب الخدمية حتى تتمكن من مساعدة أكبر عدد ممكن الطلبة والطالبات في مختلف دول العالم.

لذلك، الجامعات البريطانية تساهم بالتوسع لتمكين الطلاب للالتحاق بجامعاتهم العريقة، مقابل الجهد والاجتهاد الذي يبذل المكتب للتواصل مع

الطلبة والطالبات ويوضح لهم كيفية الدراسة والحياة بشكل عام في المملكة المتحدة، يحصل المكتب على عمولة من الجامعة.

بعبارة أخرى مقابل العمل الذي يقوم به يأخذ المكتب نسبة مئوية تتراوح بين 10% إلى 15% من الرسوم الدراسية، ونحن كجمعية كويتية نحصل على الرعاية من المكتب (win, win).

وبالنسبة للرعاية من المكتب إلى الجمعية الكويتية كانت كلما تقدم عدد من الطلاب من خلال الجمعية للمكتب وحصل على قبول، يتقدم المكتب برعاية تتراوح قيمتها المالية 1000 باوند إسترليني.

والجدير بالذكر (الاستثمار بالمعرفة) أن المؤسسين لمكتب التعليم طلاب سابقون، بعد التخرج كانت عندهم الخبرة الكافية للاستثمار معرفتهم وتجربتهم بالدراسة بالخارج، وأيضا التوصل مع من هم في

البعث وذلك للمعرفة المسبقة بيننا (كمؤسسين للجمعية الكويتية)، وأيضا بين المؤسسين لـلمكتب والجامعات في المملكة المتحدة.

بما يدل أن الأموال التي سوف تستثمرها في مجال المعرفة يكون الفرد على دراية كافية في العملية (process) التي سوف تأتي بالأرباح، لذلك كان المؤسسون للمكتب على دراية بأهمية التواصل مع من هم بالبعثة، ومدى أهمية معارف الطلاب المبتعثين أثناء وقت بعثتهم وذلك لسبب مهم جداً وجوهري.

اولاً أن نسبةً كبيرة جداً من الطلبة والطالبات المبتعثين سوف يبحث أو يتحدث مع الطلاب الذين سبقوه في الابتعاث ولايزالون في بعثتهم أكثر من الطلاب الذين أنهوا البعثة (تخرجوا).

لأنه من الطبيعي والجدير بالذكر، أن الطالب أو الطالبة الذين لايزالون مبتعثين سوف يرافق أو حتى يلتقي بالمستجد في مكان معين في مقر الابتعاث.

ثانياً الطلاب أو الطالبات المبتعثون يكونون على دراية كافية بما هو مستجد (update)، ثالثاً المستجد يبحث عن الطلاب الذين يمكنهم التواجد في الميدان بشكل تطوعي.

الجمعية الكويتية التي تم تأسيسها في مقر الدراسة كانت باباً لكثرة تواصل الطلاب الراغبين بالالتحاق في الجامعة وكانت إشارةً حمراء لرؤية الموضوع بشكل مختلف.

<u>القاعدة</u>

<u>(المعرفة في مجال الاستثمار=الأرباح المضمونة (والأسرع))</u>

<u>مناسب لكل فئات المجتمع</u>

كيفية المحافظة على الأموال من غير فقدان قيمتها الفعلية

المثال الأول لقاعدة الخطة الخمسية

تجميد قالب الاستثمار للأفراد الذين لا يجيدون الاستثمار، أو ليس لديهم وقت كافي ولا يريدون فقدان القيمة الحقيقية للأموال، وأيضا للطلاب المبتعثين في الخارج من وزارة التعليم العالي، والذين لا يجدون وقتاً كافياً لمتابعة الاستثمارات، فالتجميد هو الحل.

التضخم في العالم المعاصر أصبح يلاحظ سنوياً، عندما تسأل أحد أفراد عائلتك عن حقبة الثمانينات أو حتى التسعينات من القرن الماضي، وتسأل ما كنت تفعل بالربع دينار كويتي؟ الإجابة تكون صادمه للأجيال التي بعدهم لأن الربع دينار كويتي لم يتغير، ولكن القيمة الشرائية للربع قلَّت.

اما إذا قام الإنسان بشراء الذهب على سبيل المثال، فسوف يجمد المبلغ وتكون قيمة المبلغ محفوظة حتى بعد زمن، لأنه بعد زمن سوف يرتفع سعر الذهب مع زيادة نسبة التضخم، وهذه الحالة تصلح للأشخاص الذين ليس لديهم الرغبة بالاستثمار قصير الأجل (الذي سوف نتحدث عن في المحور الثالث).

وهذا مثال من عدة أمثله أخرى قد يستطيع الطلاب أو الأفراد الذين لا يرغبون بالاستثمار لأسبابهم الخاصة شراء ما هو لدية قيمة فعلية بأعين الجميع، حتى يمكن في حين أردت أن تسترد أموالك تكون على الأقل غير متأثر بالتضخمات السنوية.

أما بالنسبة لعواقب الذهب فإن من أفضل أنواع الاستثمار المجمد إذا صح التعبير (قصير الأجل)، وأيضا (طويل الأجل) مع العلم بأن قصير الأجل الأرباح تكاد تكون ثابتة (0٪) أو خسارة بسيطة، وعلى المدى الطويل نسبة معقولة وأرباح لا بأس بها، وبنسبة 99٪ لا يخسر.

القاعدة

(التجميد وسيلة للمحافظة أو دعم المشروع المستقبلى (لتكن سيوله كافية) =الحفاظ على القيمة الفعلية للمال)

المثال الإضافى لقاعدة الخطة الخمسية

في المثال الإضافي يمكن أن يكون الافتراض أن القارئ فعليا أي فرد في المجتمع بشرطين: أولهما : لدية الوقت في اليوم لا يتجاوز 30 دقيقة. ثانيهما : معرفة مسبقة في الشبكة العنكبوتية (internet).

في عالم الإنترنت يستطيع الفرد أن يقدم خدمات أو منتجات عن طريق الإنترنت قد تكون التكاليف لا تذكر مقارنة بالتكاليف للاستثمارات الاعتيادية (المتعارف عليها).

ومحرك الانتقال كان (Covid-19) في كتابي عن جائحة كورونا مُبَيَّن بالتفصيل وقريبا بالأسواق، وجدير بالذكر أنه في الآونة الأخيرة البعض من الناس يبحث في الشبكة العنكبوتية على ما هي أكثر المنتجات طلباً، ويقوم بشراء (شبيه) المنتج ذات المبيعات العالية، بعبارة اخرى يشتري من شركة منافسة للشركة التي منتجها عليه طلب عالٍ وفقاً للأرقام المعلنة في موقع البيع.

الفكرة متميزة لثلاث عوامل رئيسية، الأول هو الثقة، مع التطور الرقمي المتسارع وكثرة مواقع البيع التي قد تكون غير موثوقة بالنسبة لعامة الناس، لذلك كانت فرصة الشركات الحديثة في عالم الشبكة العنكبوتية في البيع تكون منخفضة، لذلك كان على المستثمر نقل المنتج لمنصة ثانية أكثر أماناً باعتقاد مستهلكيها وأكثر شهرة من غيرها.

ثانياً والأهم هو السعر، أن المنتج الأكثر مبيعاً سعره عالٍ مقارنة بسعر المنتج الشبيه له، بالمقابل يجد المستهلك مواصفات مشابهة من ناحية الضمان وما شابه لذلك قد يكون المنتج الشبيه.

ثالثاً: من المهم جداً العلم بأنه حتى وإن افترضنا أنّ المستهلك لاحظ وجود المنتج بموقع آخر بسعر أقل، من غير المتوقع أن يشتريه من الموقع الأرخص طالما كان الموقع غير معروف بالنسبة له، مثال تذكرة الطيران قد يبحث البعض في المواقع ويحصل على سعر جيد جداً مقارنة بسعر

موقع شركة الطيران الرسمية، ولكن مع كثرة الشكاوى المقدمة (للنصب والاحتيال) لن يجازف عدد كبير من الناس.

العواقب المتوقعة: إدارة الوقت، من الممكن ألا يجد الفرد الوقت الكافي للقيام بمهامه بشكل يؤهله لاسترداد الأموال بالإضافة إلى الأرباح (عوائد الاستثمار).

يفضل

قبل الدخول في جانب الاستثمار قصير الأجل أو في طويل الأجل ارجع إلى بعض النقاط المهمة في سؤال المحور الثالث للتأكد من مدى فاعلية الاستثمار وتحديده بإطار يفيد ويحفز المستثمر ومدى إمكانية تطبيق هذا الاستثمار.

مثال على العوائد في حالة المثال الإضافي (الشبكة العنكبوتية وتوقعات العوائد المالية للاستثمار)، لنفترض أن دخل الفرد (الشهري) 1000 دينار كويتي،

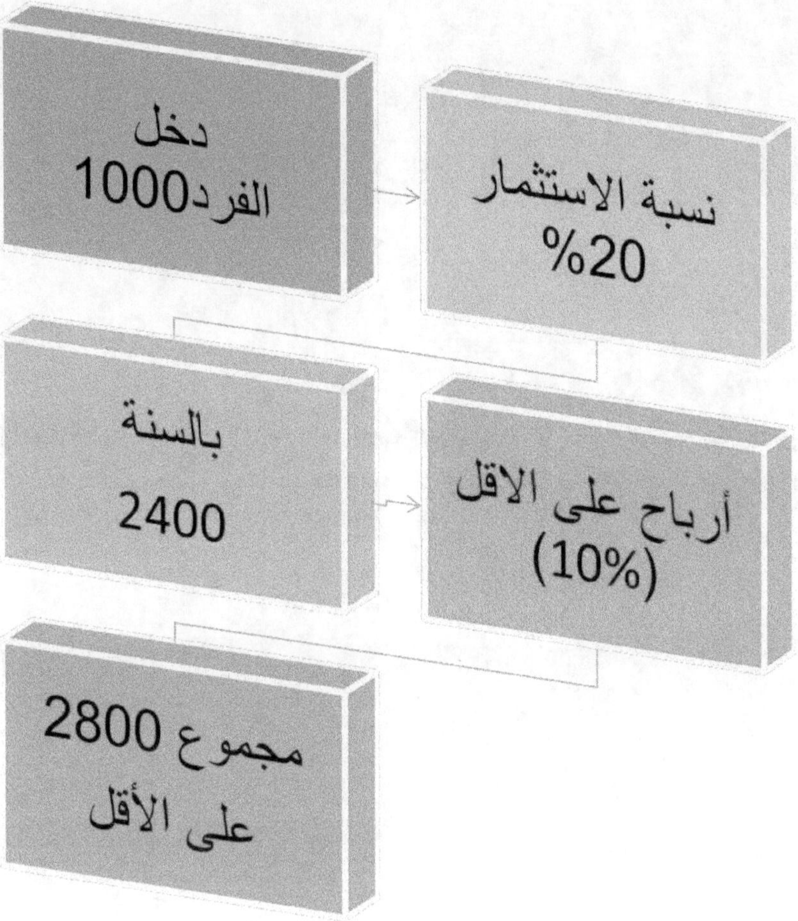

القاعدة

(اغتنام فرص الاستثمار=وفقاً للتطورات المستمرة)

سؤالين المحور الثانى

سؤال المحور الثاني

صِلْ بين أنواع الاستثمار والعواقب المتوقعة لهذا الاستثمار، مع ذكر السبب؟

تجميد الاستثمار (الذهب)
الاستثمار بالمعرفة
العقار
الشبكة العنكبوتية

قاعدة المحور

(فلسفة الإستراتيجية الذاتية + توضيح آلية القاعدة)

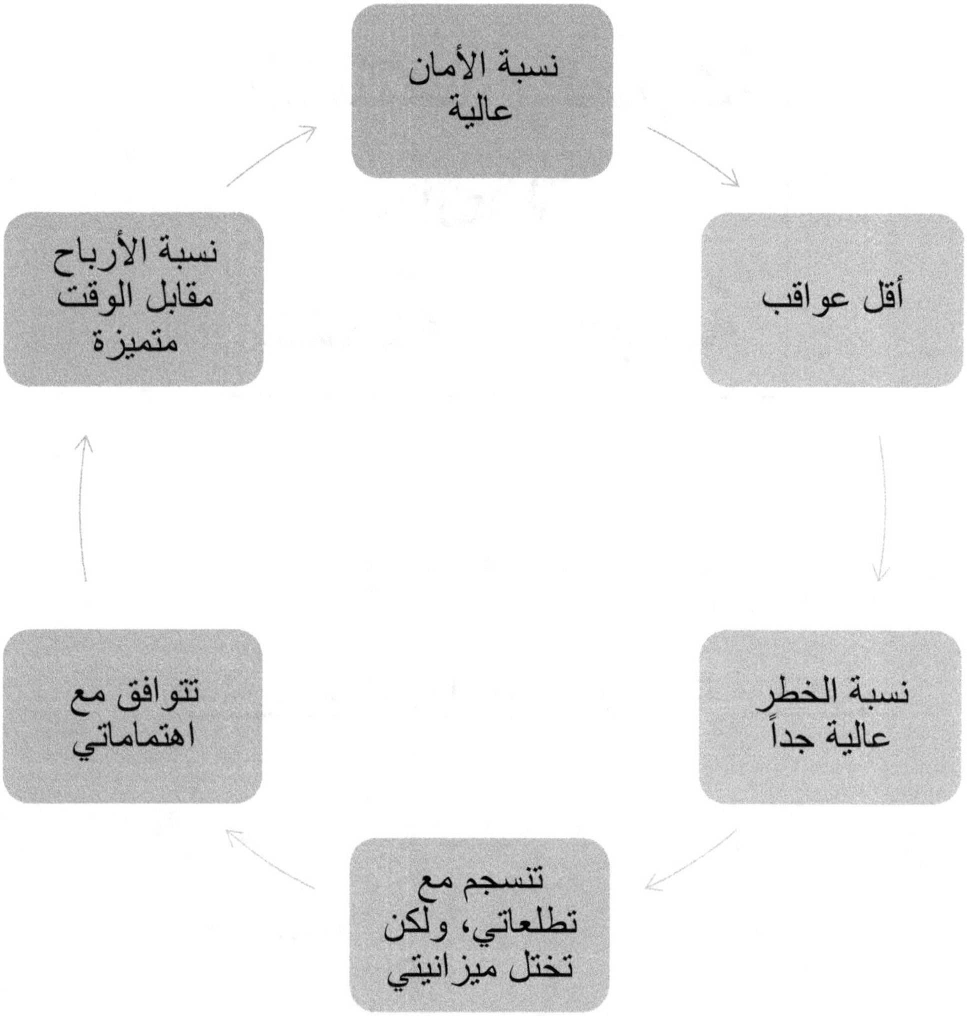
نسبة الأمان عالية
أقل عواقب
نسبة الخطر عالية جداً
تنسجم مع تطلعاتي، ولكن تختل ميزانيتي
تتوافق مع اهتماماتي
نسبة الأرباح مقابل الوقت متميزة

سؤال وجهة النظر

سؤال وجهة النظر: ما أفضل استثمار مع أقل العواقب ينسجم مع قدراتك؟ مع ذكر الأسباب (من خلال النسب الأولية الموضعة في قالب الاستثمار + قالب الالتزامات إذا تم دّمج احد أنواع الالتزامات مع قالب الاستثمار).

ملاحظة مهمة جداً

ممكن أن يكون الاستثمار خارج هذه الأنواع الشائعة، ولكن هي أمثلة لشرح فلسفة الإستراتيجية الذاتية، بالإضافة إلى أن الأمثلة وضعت لفهم آلية الاستراتيجية الذاتية في المحور الثاني، وتمكين القارئ من رؤية قالب الاستثمار وفقاً لطموح والخطة (لأكثر للاستثمارات شيوعاً واماناً).

الذهب

الاستثمار
بالمعرفة

العقار

نوع آخر من الاستثمار مهم جدا ذكر الأسباب حتى تذكرك بهدف الاستثمار

المحور الثالث: قواعد الاستثمار (قصير و طويل الأجل)

في المحور الثالث سوف نلاحظ ونتحدث عن آلية وأمان الاستثمار قصير الأجل، والاستثمار طويل الأجل، بالإضافة إلى تعريف كل نوع من أنواع الاستثمار.

الاستثمار قصير الأجل:

في معظم الأحيان تكون الـعوائد الاستثمارية خلال شهور (أقل من سنة)، والفرص الاستثمارية عادتاً تكون متزامنة مع أوضاع متوتر (أزمات سياسة أو كوارث بطبيعية وغيرها) أو مواسم رياضية، دينية وغيرها (موسم كأس العالم)، وقد يطلق عليه بعض من الناس المضاربات.

انما غالب الأحيان توضع لهذه الأنواع من الاستثمارات قصير الأجل خطوط عريضة للعواقب المتوقعة، وكيف يمكن للمستثمر معالجتها

في حالة حدوثها، ومهم جدا بالنسبة للاستثمار قصير الأجل معرفة كمية المبلغ المراد استثماره في هذا العام، وما هو شكل العوائد (الأرباح المتوقعة).

ويحتاج المستثمر إلى سرعة في اتخاذ القرار، وإطلاع على الاحتياج الفعلي للسوق مثال شراء عملة دولة معينة متوقع الطلب عليها بالقريب العاجل.

أُفضل

(إذا كانت الأرباح أقل من 10% لا يستحق المخاطرة، فالتجميد أفضل).

قبل مثال الاستثمار قصير الأجل، لتوضيح فكرة كيفية التعامل مع الأسئلة المقترحة في المحور الثالث لتكون على دراية، خمسة أسئلة تكوّن قواعد المحور الثالث للانطلاق في بحر الاستثمار قصير أو طويل الأجل مع مراعاة الفروقات في مفهومهم.

الاستثمار قصير الأجل:

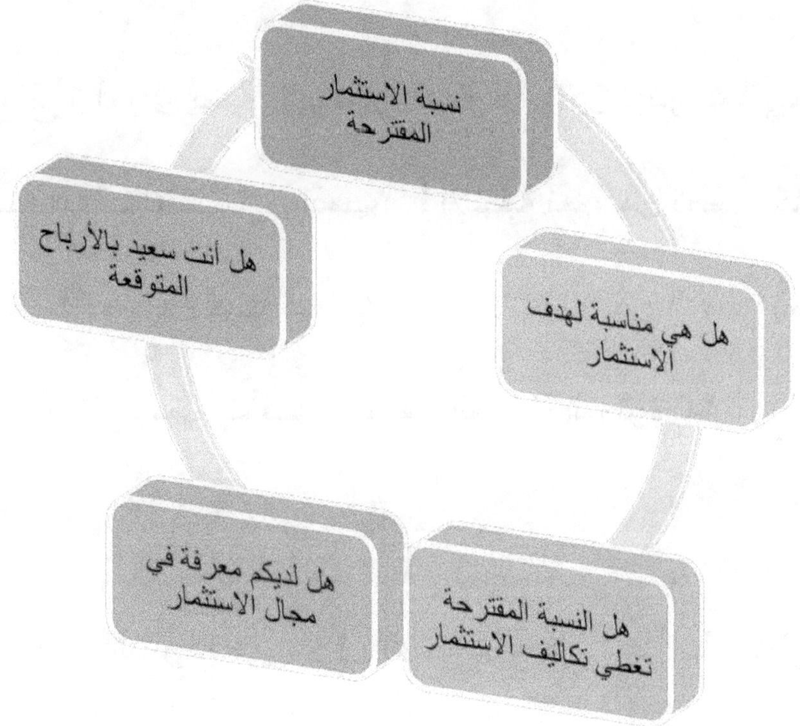

لنفترض أن نسبة الاستثمار المقترحة من قبلكم تعادل 250 دينار كويتي، هل هي مناسبة لهدف للاستثمار بالسيارات؟ طبعا! هل النسبة المتقرحة تغطي تكاليف الاستثمار؟ لا والسبب أن النسبة المقترحة لا تغطي تكلفة المنتجات أو الخدمات المراد الاستثمار فيها.

نرجع مرة أخرى نسبة الاستثمار المقترحة 250 دينار كويتي، هل هي مناسبة لهدف الاستثمار بالذهب؟ والإجابة نعم، هل تغطي تكاليف شراء الذهب؟ نعم، هل لديك المعرفة بمجال الاستثمار في الذهب؟ بعبارة اخرى متى يرتفع ومتى ينخفض؟ وماهي العوامل المؤثرة به؟

نعم عندي المعرفة في مجال الاستثمار، هل لديك علم بالأرباح المتوقعة من الاستثمار بالذهب؟ نعم وأنا راضٍ عن معدل الربح الثابت أو الأرباح البسيطة.

القاعدة

(القارئ الكريم في حين كانت الإجابات على الأسئلة بنعم وسعيد)

(Then do it)

قبل الانتقال إلى الاستثمار طويل الأجل هناك ملاحظة مهمة جداً لمن لديه الرغبة بالتعزيز بين الاستثمار قصير الأجل والاستثمار طويل الأجل، هنالك وسيلتين يمكننا اتباعهم:

الاولى الاستثمار بالأصول التي لا تحتاج وقت ولا جهد للاستثمار بها، مثل الذهب والفضة التي يمكنك بيعها عن احتياج التمويل أو اخذ تمويل بضمان المعادن التي تحتفظ بها.

ثانياً يمكنك استخدام الاستثمار قصيرة الاجل في القطاع الذي تنوي العمل به وتبني مشروع المستقبل في هذا المجال، من خلال العمل على تقديم خدمة أو منتج واحد فقط في مجال المشروع المراد أنشائه.

وذلك يكفل تنمية مهاراتك في القطاع المراد عمل مشروع فيه، وأيضا رؤية عوائد الاستثمارية بالمجال ما اذا كانت قريبة من التوقعات ام لا، وفي هذي الحال يمكن التعزيز بين الاستثمار قصير الاجل وطويل الاجل، وتعتبر الاستثمارات قصير الاجل بمثابة اكتشاف للأبعاد والزاوية الخفية للمشروع.

والسبب الأهم في عملية التعزيز بين أنواع الاستثمارات هو اكتشاف القدرات الذاتية، وما مدى الشغف الحقيقي في هذا القطاع، بالإضافة إلى أن من خلال خدمة أو منتج في القطاع (الاستثمار قصير الاجل) يمكنك وضع بصمتك (سمعة) بشكل سهل جداً ومعرفة الاحتياج والطلب على هذا المنتج أو الخدمة.

الاستثمار طويل الأجل

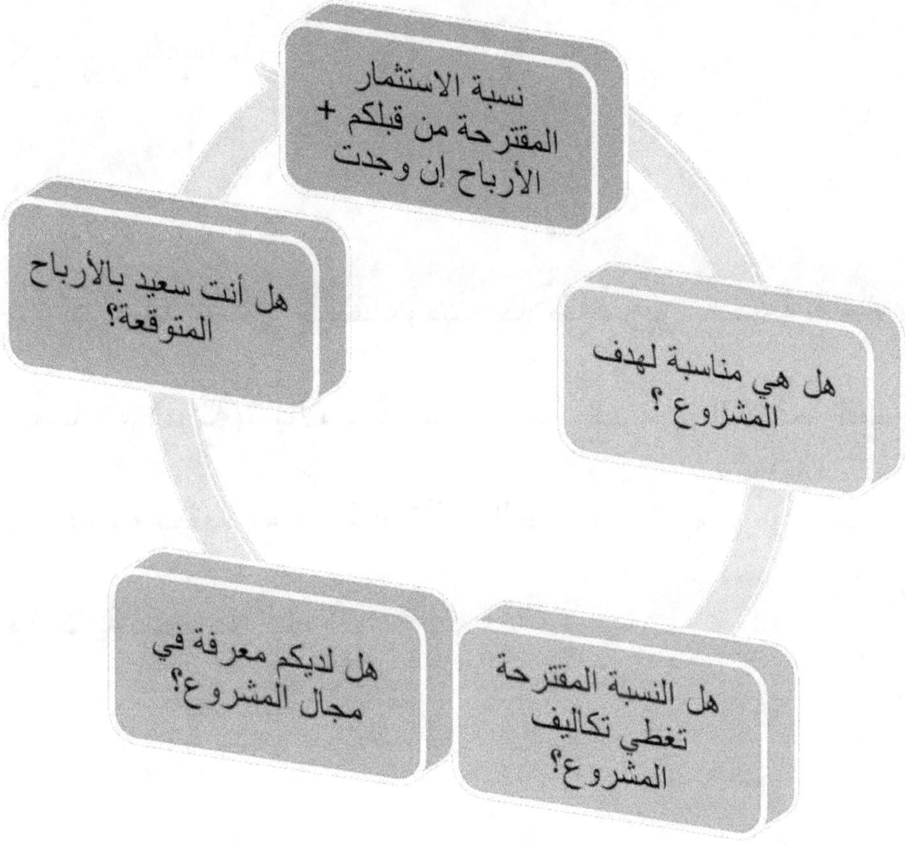

الاستثمار طويل الأجل:

معظم المشاريع تكون عوائد المشروع بعد ثلاث سنوات أو أكثر من ثلاث سنوات (في حالت قليلة مثل العقار التجاري أو الاستثماري تكون عوائد الاستثمارات شهرية من الايجار، ولكن النمو في سعر العقار يحتاج إلى وقت).

في حالة المشروع يطلب وضع خارطة طريق واضحة المعالم وقابلة لتعديلات (مرنة)، بالإضافة إلى ما هي العواقب المتوقعة للمشروع؟ وكيفية معالجتها مع مراعاة تأثير العواقب المشروع من ناحية زمنية وإمكانية تأخير الأرباح.

في المشروع يجب ان تكون الـمعرفة مسبقة لتكاليف المشروع (كاملا) حتى يصل نقطة (break even)، لذلك لإقامة المشاريع يجب أن تتوفر دراسة الجدوى لمعرفة التفاصيل لمشروعك، وما القيمة التنافسية المضافة في مشروعك عن المشاريع المشابه في القطاع، ومتي يمكن

للمشروع توليد الأموال للتطوير المستمر بالخدمات أو المنتجات المقدمة من المشروع.

لنفترض بعد عدة نجاحات في الاستثمار قصير الأجل، وقبل تخطي الخطة الخمسية بأيام، وأنت تعود للخطة الخمسية الجديدة كان مجموع قالب الاستثمار + الأرباح من عوائد الاستثمارات قصيرة الأجل تعادل 20000 ألف دينار كويتي.

هل هي نسبة مناسبة لهدف المشروع؟ (فتح عيادة أسنان) نعم ، هل تغطي تكاليف المشروع ؟ بالطبع لا ، لأن تكاليف عيادات الأسنان عالية وسف تحتاج إلي تمويل إضافي (وهذا سوف نتحدث عن في الجزء الثاني من الاستقرار المالي).

الحل البديل تقدم خدمة أو منتجاً يفيد هذا القطاع الذي أرغب به وبعد نجاح مشروع الخدمات التي تقدم ضمن القطاع المراد الالتحاق فيه، أضف خدمة جديد حتى استكمل خدمات فرع القطاع، وبعدها يمكنك فتح عيادة الأسنان.

مره أخرى لنفترض أن من الممكن أن نفتح (عيادة أسنان صغيرة) 20000 تغطي التكاليف، السؤال المهم هو: هل لديك معرفة في مجال عيادات الأسنان حتى وإن كان القارئ طبيب أسنان، فذلك لا يعني أن لديه المعرفة في مجال عيادات الأسنان التجارية.

لذلك إن لم يكن المجال (القطاع) معروفاً للمستثمر فإن معدل النجاح انخفض، ومعدل الخطر ارتفع، وإذا افترضنا أن مجال عيادات الأسنان غير معروف، فذلك من الممكن أن يكون الربح غير مرض بعكس ما إذا كانت الإجابات على الأسئلة السابقة بنعم. مهم جداً عدم خسارة راس المال

القاعدة

(لذلك مهم جداً ان تكون الإجابات بنعم (بقناعة تامة) على جميع الأسالة

سؤالين المحور الثالث

سؤال المحور

صِلْ بين المعلومات المناسبة لكل من الاستثمار قصير الأجل والاستثمارات طويله الأجل، مع ذكر الأسباب.

استثمار قصير الأجل
استثمار طويل الأجل

قاعدة المحور

(فلسفة الإستراتيجية الذاتية + توضيح آلية الاستثمار الأمن)

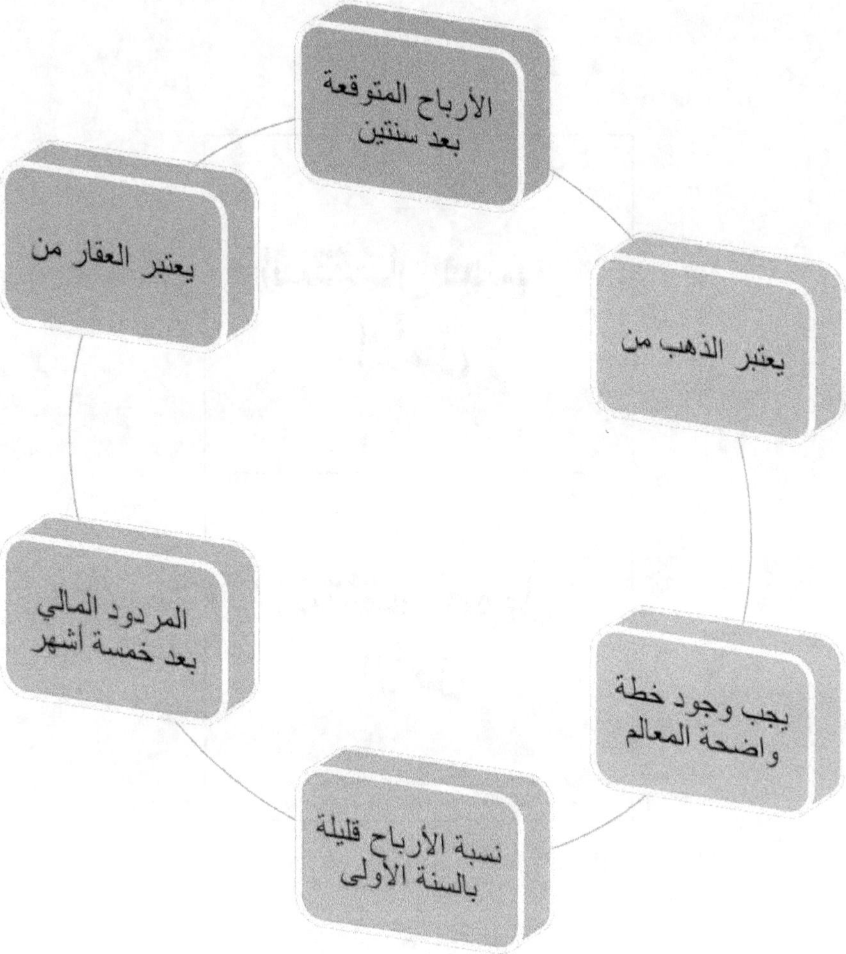
الأرباح المتوقعة
بعد سنتين
يعتبر الذهب من
يجب وجود خطة
واضحة المعالم
نسبة الأرباح قليلة
بالسنة الأولى
المردود المالي
بعد خمسة أشهر
يعتبر العقار من

سؤال وجهة النظر

سؤال وجهة النظر، هل تفضل الاستثمار قصير الأجل أم الاستثمار طويل الأجل أم الاثنين؟ مع ذكر الأسباب؟

استثمار قصير الأجل
استثمار طويل الأجل

أحد هما

أفضل
الاستثمار قصير الأجل
للوصل للاستقرار

أفضل
الاستثمار طويل الأجل
للوصول للاستقرار

الاثنان

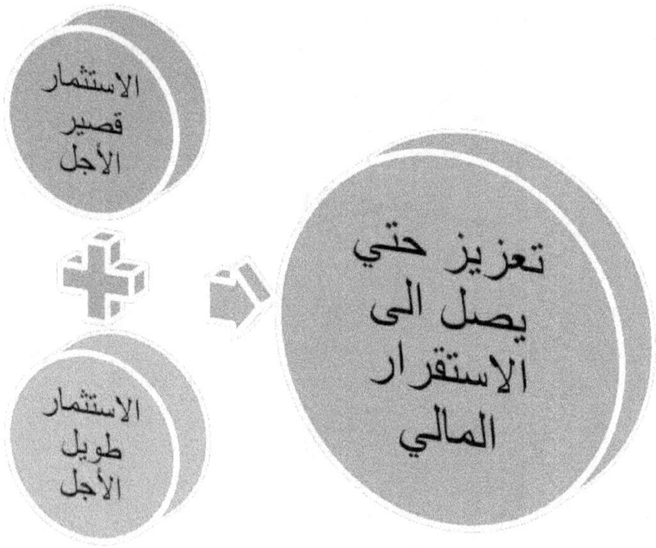

اذكر كيف يمكنك تمكين الاستثمار قصير الأجل لتسهيل مشروعك؟

المحور الرابع القاعدة الملهمة

المحور الرابع سوف نسلط الضوء على المحرك الأساسي، الذي يتحكم بنسب القوالب ويطبق القواعد المندرجة في الإستراتيجية الذاتية. وأيضا في هذا المحور سوف نقارن الإستراتيجية الذاتية بالنظريات العلمية حتى يمكن للقارئ معرفة توافق واتزان الإستراتيجية الذاتية مع الأفراد، وذلك استناداً لقدرات الافراد المالية التي تحدد سرعة الوصول إلى الاستقرار المالي.

وكما ذكرنا يمكن للقارئ توليد السرعة المناسبة له للوصول للاستقرار المالي وفقاً لقدراته الذاتية، لأن المحرك الرئيس للإستراتيجية الذاتية هو أنتي/وانت، وهو الذي يربط ويركب قطع الإستراتيجية الذاتية التي تشكل فلسفة مالية فريدة من نوعيها.

البصمة

سوف ترى البصمة (DNA) الخاصة بك في هذا المحور

النظريات العلمية

معظم قواعد النظرية العلمية مستندة على ثلاث اعمده رئيسية، أولهما مجتمع ينظر لسلوكيات المالية، ثانيا موقع جغرافي محدد المعالم حتي يمكنهم دراسة واستنتاج القيم المجتمعية التي تأثر بشكل مباشر على السلوكيات المالية للفرد في هذا المجتمع.

بالإضافة إلى تحليل العوامل الاقتصادية التي يتأثر بها دخل الفرد في هذا المجتمع، وثالثهما وقت محدد تتم في الدراسة والتي قد لا تكون مفيدة بعد مرور وقت من الزمن.

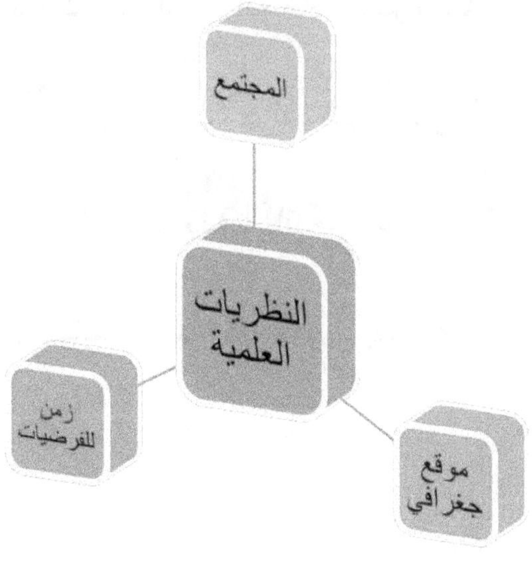

الإستراتيجية الذاتية

منطلق كتابتي للإستراتيجية الذاتية هي الاختلافات الطبيعية بين المجتمعات العربية والغربية في العادات والتقاليد التي توثر على حياة الفرد المالية (الاقتصادية).

فالإستراتيجية الذاتية مستندة في القوالب الرئيسية على الاحتياجات الطبيعة المشتركة لكوننا بشراً، ولكن في القوالب الفرعية للإستراتيجية الذاتية تهب مساحة كافية لتنقل.

الإستراتيجية الذاتية تحدد القوالب العامة المدروسة لاحتياجات الإنسان وكفيلة بتحفيزه للاستمرار وتترك جانب مهم وهو النسبة للأفراد الراغبين بالاستفادة من نظام الإستراتيجية الذاتية، ومشاركتكم في إعداد واستكمال نسب القوالب واجابات القواعد كفيل بمراعات الاختلاف القدرات والمحفزات بين البشر.

(رحم الله امرأً عرف قدر نفسه)

المقارنة

تحديد أهداف الشخصية وربطها بالنسب لا تمتلك النظرية العلمية تحديدها بشكل دقيق لأن النظريات تحدد أو تحاول أن تأخذ النسب المناسبة لجميع أطراف المجتمع المعمولة الدراسة لأجلهم، ولكن لنستذكر قول معروف إرضاء الناس غاية لا تدرك، وإرضاء الله غاية لا تترك.

تحديد النسب لمجموعة من الناس غير مقبول وذلك لأمرين رئيسين الأول اهتمام الإستراتيجية الذاتية في المقام الأول بتميز كل فرد على بالمشارك في تحديد مسار النجاح (وضع النسب).

الثاني وقت الإنجاز مقرون بمعدلات ونسب الفرد المشارك في اعدادها أنتي/وانت، والتي تربط بين قدرات الفرد المالية وقوالب وقواعد الإستراتيجية الذاتية (سرعة الوصول إلى الاستقرار المالي).

فالنسب المذكورة في النظريات العلمية ليست إلا أرقاماً جامدةً بلا روح المستثمر والمدبر الرئيس وهو أنتَي/وأنتِ، لذلك حرصنا كل الحرص على أن تحديد القوالب العامة (استناداً) على أسس النظريات العلمية المعمول بها.

اما القوالب الفرعية في الإستراتيجية الذاتية، تستند على فلسفة الاتزان، والتحفيز، والاستثمار المستنبطة من التحديات والصعبات في غربتي في المملكة المتحدة (بريطانيا) ما يقارب العقد.

القاعدة: (لنتشارك النجاح)

الاتزان، التحفيز، والاستثمار=احتضان اهداف، طموح، وخطة القارئ

سؤالين المحور الرابع

سؤال المحور

صِلْ بين كل معلومة وما يناسبها من النظرية العلمية أو الاستراتيجية الذاتية.

الاستراتيجية الذاتية
النظريات العلمية

القاعدة المحور

(فلسفة الإستراتيجية الذاتية + توضيح آلية مشاركة الفرد)

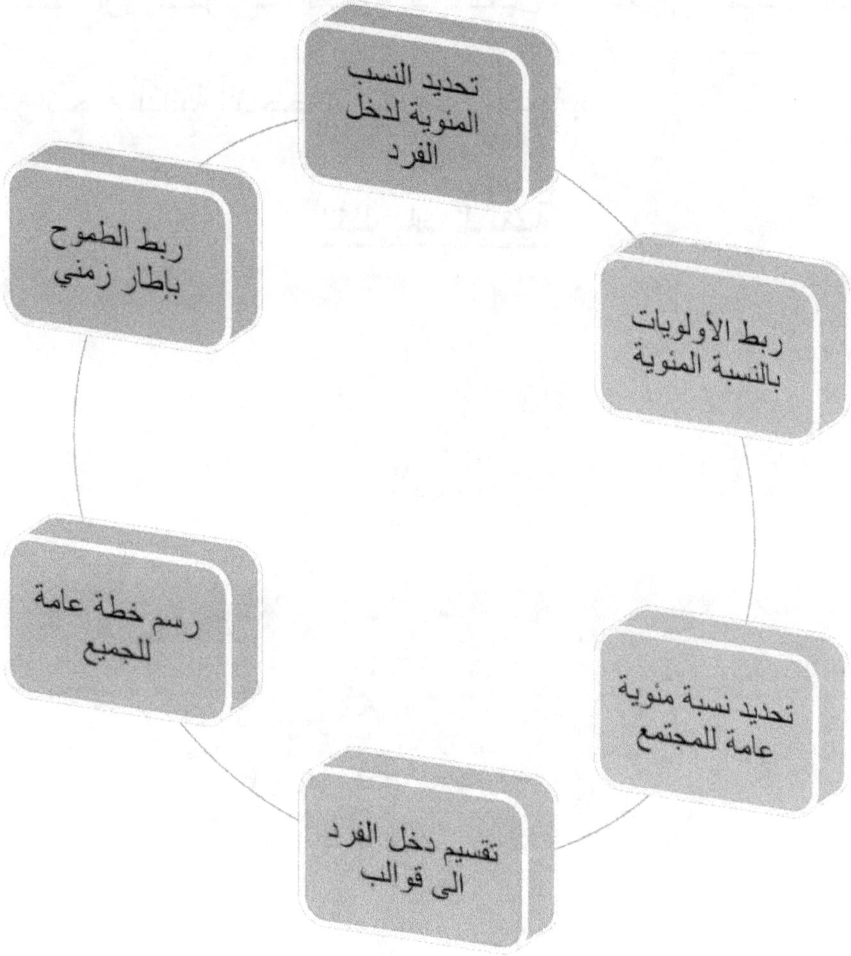
تحديد النسب المئوية لدخل الفرد
ربط الأولويات بالنسبة المئوية
تحديد نسبة مئوية عامة للمجتمع
تقسيم دخل الفرد الى قوالب
رسم خطة عامة للجميع
ربط الطموح بإطار زمني

سؤال وجهة النظر

هل تعتقد أن العملية عبارة عن تناغم وانسجام بين النظرية العلمية والإستراتيجية الذاتية (نقصد بالهدف وليس بالمسار)؟

هل تعتقد أن النظريات العلمية في مجال الاستقرار المالي أهم من الإستراتيجية الذاتية الناجحة؟ مع ذكر الأسباب.

النظريات العلمية

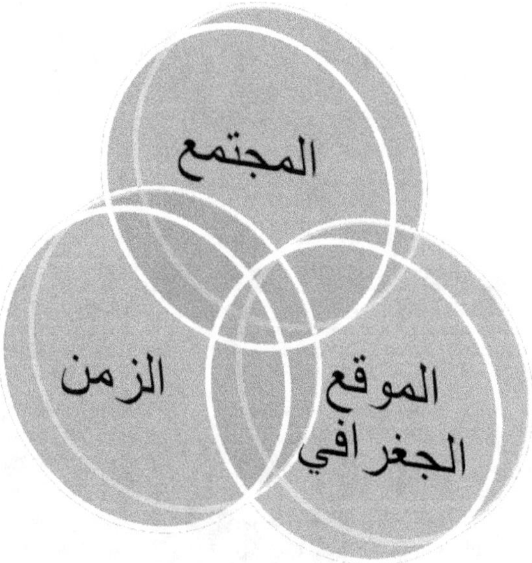

الإستراتيجية الذاتية

المحور الخامس :

أسباب قوة الإستراتيجية الذاتية

ونختتم آخر قطعة من قطع التركيب في الإستراتيجية الذاتية لاستكمال الصورة للقارئ، وفي المحور الخامس سوف نُحلّق بين الأسباب الرئيسة التي تستند وتميز الإستراتيجية الذاتية عن غيرها.

بالإضافة إلى أنه في المحور الخامس سوف نلاحظ إمكانية الإستراتيجية الذاتية لاستقطاب البشرية في مختلف بقاع الكرة الأرضية، والسبب هو ديناميكية الإستراتيجية الذاتية في التعامل مع القارئ.

ومن أسرار نجاح الإستراتيجية الذاتية هو مشاركة الفرد المستخدم لقوالبها، ومنفذ لقواعدها، تارك بصمته في محاورها، مما يضمن توليد العزيمة والإصرار للاستمرار في الاستراتيجية الذاتية.

السبب الأول تفرد فلسفة إنشاء قالبين فرعيين في القالب الرئيس تهدف لوضع آلية، تمكن الفرد (Brainstorming) من إعادة النظر

لاحتياجاته الإنسانية، والعملية كفيلة بإدراك الأفراد للالتزامات الفعلية، واستبعاد الالتزامات الغير واقعية من ميزانية الفرد (الشهرية)

السبب الثاني من غير المتوقع من الفرد أن يفكر بعادة معينة اعتاد أن يفعلها كالتزام ونطلب من التخلي عنها أو حتى إعادة النظر فيها، إلا بطريق مختلفة تقسم القالب الرئيس المدرك من كل البشر، إلى قالبين يمكن للفرد إعادة النظر بالالتزامات في الوقت الذي يقسم الاحتياجات بين القوالب الفرعية (هذا هو المطلوب).

السبب الثالث الترفيه والترويج عن النفس مهم جداً لاستمرار الفرد، وذلك من خلال قالب الرغبات، كلا القالبين الفرعيين يدخلان الفرح والسرور على الفرد، ولكن في حين في قالب السعادة يستخدم الفرد النسبة بشكل (route)

أما في قالب المكافأة (التحفيز) تكون السعادة أكبر بكثير وقد لا توصف لأنها مرتبطة بإنجاز الفرد، وعلى قدر الإنجاز تقاس سعادة الحقيقية، ولان كل للفرد لديه مفهوم قد يكون مختلف تمام عن الاخر لذلك كانت الالية مشروطة من غير تحديد للإنجاز.

واضف على ذلك توفير المناخ المناسب وفقاً لقناعته الشخصية، والذي يعمل بشكل أساسي ضمن خطة مرسومة للإنجاز العلمي أو حتى الإنجاز العملي أو حتى الإنجازات الفرعية - إن صح التعبير - وفقاً لقناعة الفرد المستخدم للإستراتيجية الذاتية.

السبب الرابع مهم جداً إدراك أبعاد القوالب لأهميتها في حياة الفرد، من ضمن القوالب التي تساهم بشكل فعال باستمرار الأفراد في الإستراتيجية الذاتية، قالب الطوارئ، من الطبيعي أن يمرَّ على الإنسان حالات طارئة لم يكن للفرد دخل فيها.

من ضمن الطوارئ التي لا يمكن للإنسان مواجهتها الكوارث الطبيعية، لا يستطيع الإنسان التدخل فيها (الامطار الغزيرة التي تسببه بأضرار للممتلكات الافراد في السنوات الماضية).

وفي حلات أخرى مثل فصل الموظف من عملة أو تجميد بعثة الطالب لمسألة لم يكن متسبباً فيها (مثل ما حدث مع بعض الطلاب المبتعثين الذين لم تعطى لهم الفيزا لاستكمال دراستهم).

لذلك الإستراتيجية الذاتية وفرت آلية الثبات وإنقاذ الموقف، مع مراعاة محدودية القالب للمحافظة على دخل الفرد بشكل عام، وبشكل خاص توليد الدعم للقوالب الأخرى.

السبب الخامس معايير الإستراتيجية الذاتية تمكن الفرد من اكتشاف إمكانية التقلب على النفس في فلسفتها المتضمنة الاتزان، التحفيز، والاستثمار والتي تحتضن اهداف، طموح، وخطة القارئ.

والتقلب على النفس امر عظيم واثنى الله سبحانه وتعالي على البشر الذي يتمكنون من السيطرة على النفس البشرية ودليل في سورة الشمس الآية (7) وأيضا في موضع اخر في القران الكريم اخبرنا الله سبحانه وتعالى عن أهمية التقلب على النفس البشرية.

وبالنسبة لأهداف الفرد تساندك الإستراتيجية الذاتية بالاتزان المؤلف في قوالبها، وتَهَبُ القدر الكافي لتحديد سرعة الانطلاق للأهداف المرسومة، والتي تصل بالفرد إلى الاستقرار المالي.

وفقاً لطموح الفرد تساهم الإستراتيجية الذاتية في تذويب المخاطر والصعاب التي قد تواجه الفرد، من خلال وضع قواعد أساسية لتمكن الفرد رؤية مدى فاعلية الآلية التي يود الفرد استخدامها للوصول إلى الاستقرار المالي.

وفقاً للخطة الخمسية تساهم الإستراتيجية الذاتية بتنظيم أولويات الفرد، من خلال رسم خطة خمسية وفقاً للنسب المقترحة، والصعاب المتوقعة لاختيار الخطة الخمسية والتي تساهم بشكل فعال بالقياس الزمني المحدد المعالم بنسبة عالية للوصول إلى الاستقرار المالي.

وفقاً لقواعد الاستثمارات قصيرة وطويلة الاجل، تنظم الإستراتيجية الذاتية المسار الامن في مجال الاستثمارات الأكثر شيوعا، وتنظم الية محدده المعالم وفق قواعد الاستثمار قصير وأيضا طويلة الاجل حتى تحافظ على مسار استثماراتكم.

السبب السادس والأهم على الاطلاق هو تمكين الفرد من المشاركة والمساهمة في وضع النسب المئوية التي تناسب تطلعات القارئ وتحتضن (لأهداف- طموح – خطة القارئ) وتوضح المسار السليم لقواعد الاستثمار المختلفة.

والجدير بالذكر أن من غير المقبول أن ينتقل الإنسان من حال إلى حال من غير الإيمان التام والاعتقاد الجازم بالمشاركة بالمسار وتوافق على السرعة الانتقال.

.

المهم جداً ان يصل الفرد إلى الاستقرار المالى، والاهم المحافظ والاستمرار فى حيز الاستقرار المالى

القاعدة

(أسباب قوة الإستراتيجية الذاتية=ايمان القارئ بمقومات الإستراتيجية= الوصول للاستقرار المالى)

الاستراتجية الذاتية

- نسب حسب رؤية الفرد
- تخدم أهدافاً الفردية
- تحقق الطموح
- التخطيط لمستقبل افضل

الفوائد المتوقعه

- رؤية مستقبلية للقدرات الفردية
- قياسات تحفيزية للاستمرار
- تعزيز النظرة الاقتصادية
- تنظم أبواب الصرف
- التصدي لتضخمات المالية

سؤالين المحور الخامس

سؤال المحور

صِلْ بين كل معلومة وما يناسبها من النظرية العلمية أو الاستراتيجية الذاتية.

قاعدة المحور

(فلسفة الإستراتيجية الذاتية =قوة وصلابة آليات الإستراتيجية

(من قوالب وقواعد))

الاستراتيجية الذاتية
النظريات العلمية

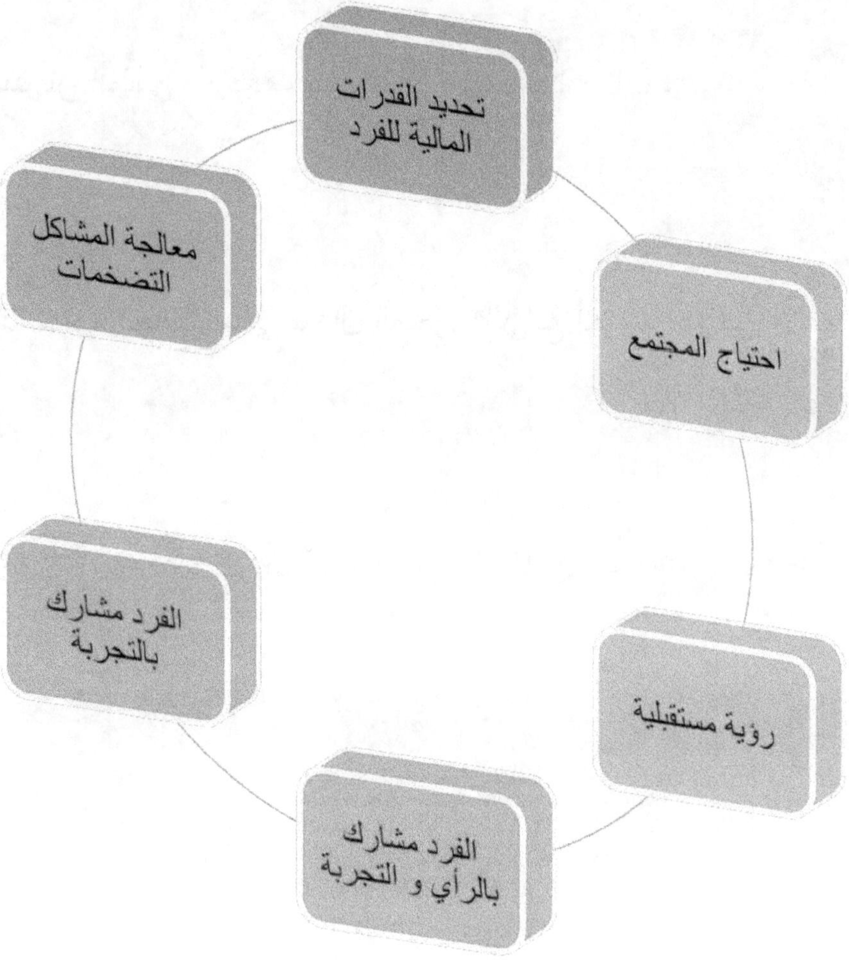
تحديد القدرات
المالية للفرد
احتياج المجتمع
رؤية مستقبلية
الفرد مشارك
بالرأي و التجربة
الفرد مشارك
بالتجربة
معالجة المشاكل
التضخمات

سؤال وجهة النظر

لماذا اخترت الانسجام ما بين الإستراتيجية الذاتية مع النظرية العلمية (في الأهداف وليس في المسار)؟ ولماذا المسار اهم وسيلة للوصول للاستقرار المالي اذا كانت اجبتك الانسجام؟ اذكر الأسباب؟

أما إذا كانت إجابتك على سؤال المحور الرابع أحدهم أهم من الاخر

اذكر لماذا عدم التناغم بين الإستراتيجية الذاتية مع النظرية العلمية؟

الأسباب

1

2

3

4

5

6

7

8

9

10

الأسباب

- [ ] 11
- [ ] 12
- [ ] 13
- [ ] 14
- [ ] 15
- [ ] 16
- [ ] 17
- [ ] 18
- [ ] 19
- [ ] 20

نشأة الاستراتيجية الذاتية

قبل كتابة ونشر الكتاب، كانت لديّ الرغبة بتحديد مدى اهتمام المجتمعات (وخاصتاً الخليجية) في موضوع الاستقرار المالي؟ وهل هنالك احتياج للبشر لطرح استراتيجية تساهم بحل مشكلة عدم الاستقرار المالي للفرد؟

ومن هم أكثر احتياجاً للإستراتيجية؟ هل الراشدون؟ هل هم البالغون؟ كانت أسئلة كثيرة تراودني، فكان القرار أن أُنشاء ورشة عمل للطلبة والطالبات المبتعثين وأنظر مدي تفاعل المجتمع مع موضوع الاستقرار المالي.

في ورشة العمل (الأولى) كان التفاعل بسيطاً، ولم أكن أتخيل هذا الكم من التفاعل المنخفض، لسبب اعتقاد البعض ان الورشة كانت للمبتعثين فقط، صحيح كنت واللزلة اعتقد ان الاحتياج الأكبر للمبتعثين.

وذلك لأسباب عديدة، منها أن المبتعث بالخارج تضاعفت عليه المسؤوليات بلمحة بصر، بما يعني أن الوالدين قد يكونان مشارگين في حمل مسؤوليات الطالب أو الطالبة قبل البعثة.

ولكن في مرحلة الابتعاث يكتشف الطالب والطالبة ثقل حمل المسؤوليات منفردا في غربته، لأني كنت في السابق أحد الطلاب المبتعثين من وزارة التعليم العالي وأدرك تماماً مدى أهمية الموضوع المطروح لطلبة وطالبات المبتعثين.

ولاحظة خلال مسيرتي في البعثة أن الكثير من الطلبة والطالبات المبتعثين يواجهون مشاكل مالية، وكانت التحويلات المالية شبه مستمرة لبعض الطلاب من الأهل، لذلك كنت غير متوقع هذا التفاعل.

أما في إعلان ورشة العمل (الثانية) كان التفاعل يفوق المتوقع، وذلك لأنني أدركت أن الاستقرار المالي كعنوان غير مدرك الأبعاد للطلاب، لذلك كان في حملتي الثانية لورشة عمل الاستقرار المالي (#كن_مستقرا_في_غربتك).

وبعد هذا الكم من التفاعل قررت أن أكتب ورشة العمل وأهب المشاركين الفرصة بالمساهمة في كتابة تجربتهم في الكتاب، وسوف نتحدث عن كيفية تمكين المستخدمين للإستراتيجية الذاتية بالمشاركة في الطبعة الثانية من الكتاب في قسم المقترح.

محركات الإستراتيجية الذاتية

محرك الاستراتيجية الذاتية الأساسي والرئيس هو أنتي/وأنت

كل إنسان في العالم لدية بصمة خاصة به، ليس هنالك شبيهاً لها، لذلك فبصمتك في لقوالب وقواعد الاستراتيجية الذاتية بالتأكيد سوف تكون متميزة عن غيرها، لأنها مبنية على أهدافك وطموحك وخططك.

الاستراتيجية الذاتية أُسست على قواعد علمية، وعملت على تحسين القوالب "دخل الفرد (الشهري)" بالخبرات الشخصية في غربتي بالمملكة المتحدة (بريطانيا).

الأسس العلمية منبثقة من علم النفس، علم الاقصاد والعلوم السياسية التي تسمى أم العلوم، إنما التجربة الشخصية فقوامها ما يقارب العقد من الزمن في مختلف مناطق المملكة المتحدة، وظاهر التجربة الغربة، وباطنها المسؤوليات الحياتية.

(فلسفة الإستراتيجية تستند لثلاثة عوامل أساسية):

المحركات لإنشاء الاستراتيجية الذاتية التي وُلدت لتكون عوناً وسنداً لمختلف البشر في شتي بقاع الأرض في كل الأزمنة، لذلك الإستراتيجية الذاتية عالجت الافتقار أو المشاكل التي تواجه النظريات العلمية التي تنظر في تحسين آلية استقرار الأفراد في المجتمع، ووجدت الحل الذي يصلح لكل زمان ومكان.

كانت قراءتي للكتاب All Your Worth أحد أهم نقاط الانطلاق لكتاب الإستراتيجية الذاتية، والتي تساهم بشكل فعال مع كل البشرية، مع اختلاف مواقعهم الجغرافية وهوياتهم الثقافية.

مع الإستراتيجية الذاتية الحلم يصبح بإذن الله حقيقة

المقترح

نشر تجارب المشاركين

- نشر تجارب مَن شارك في ورشة عمل الاستقرار المالي الدفعة الأولى 15/08/2023

- ورشة عمل الاستقرار المالي الدفعة الثانية (12/09/2023).

القارئ الذي يود أن يشارك في كتابة تجربته الشخصية في كتاب: كن مستقراً في حياتك (الاستقرار المالي)

يمكنه المشاركة من خلال إرسال E-mail

صفحة التواصل

ما هو الهدف من المشاركة؟

- نشر الاستراتيجية الذاتية:

أن تكون تجربة مبنية على عدد من الأفراد من مختلف شرائح المجتمعات، ومُرَّحبٌ بجميع المستخدمين للإستراتيجية الذاتية، وأخُصُّ الطلبة والطالبات والموظفين الذين شاركوا في ورشة العمل الدفعة الأولى والثانية.

بشرط واحد فقط:

- أن تكون التجربة لا تقل عن عام ميلادي.
- ملاحظة:
- إرسال تجربتك لا تعني قبول نشرها، ولكن سوف ينظر بالطالبات كامله ونشر التجربة الانسب.

ما يستفيد المشاركون

- ذكر تجربتك بالكتاب.
- إضافة اسمك ضمن المشاركين بتجاربهم الناجحة بالكتاب (اذا كان يرغب المتقدم).
- صفحات التجارب الشخصية في الطبعة الثانية محدودة لكل فئة.

أسئلتكم

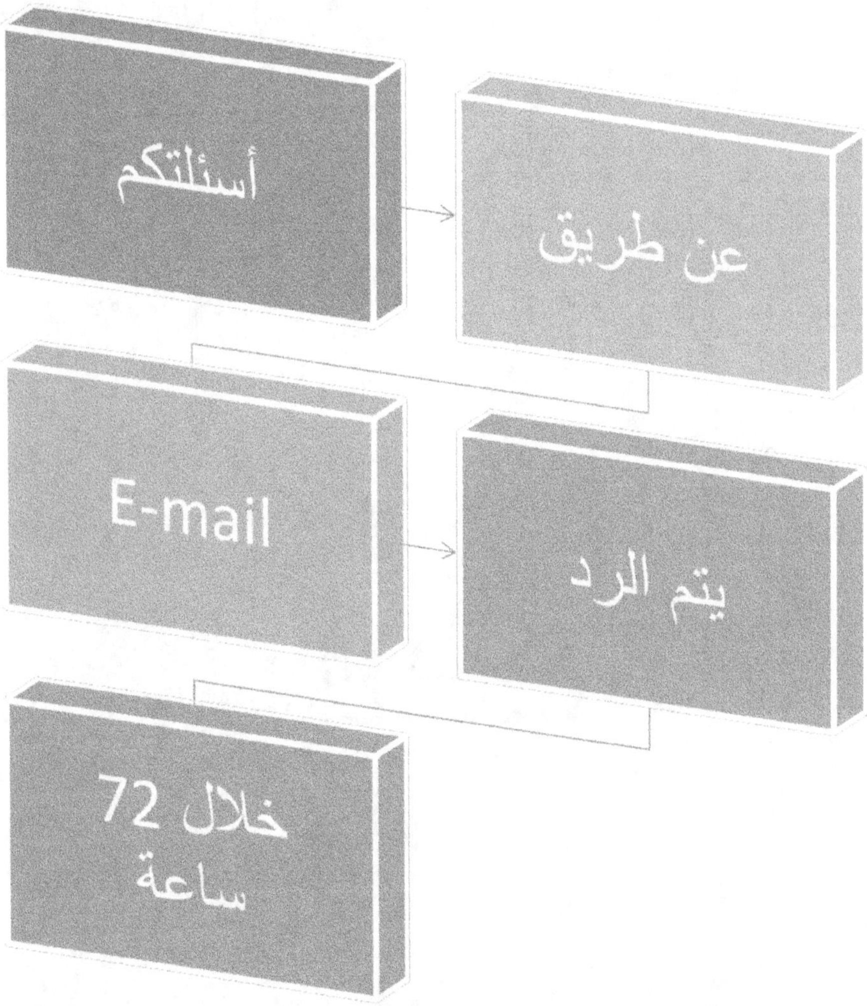
أسئلتكم
عن طريق
E-mail
يتم الرد
خلال 72 ساعة

قائمة المراجع

قائمة المراجع العربية:

- ابن كثير، (774,ه) (1373,م). البداية والنهاية. دار القماطي (بيروت).

- وزارة التعليم العالي (2023). مخصصات دول الابتعاث
https://www.mohe.edu.kw/site/AR/MinisterialDecisions?PageID=4

- تفسير سورة الرعد للشعراوي (2015). تفسير سورة الرعد. https://www.youtube.com/watch?v=-_ZIUYmpyVM.
تاريخ المشاهدة {29-08-2023}

قائمة المراجع الأجنبية:

- Gill, V. (2022) Chernobyl: Why radiation Levels spiked at nuclear plant. BBC News. Available at: https://www.bbc.com/news/science-enviroment-60528828 (Accessed: 15 October 2023)

Botsman, R. (2017). Who Can You Trust? How Technology Brought Us Together – and Why It Could Drive Us Apart. Public Affairs.

Warren, E., & Tyagi, A. (2005). All Your Worth: The Ultimate Lifetime Money Plan. Free Press.

لتبارك قواعدك بالتبرعات

{إِنَّ الَّذِينَ يَتْلُونَ كِتَابَ اللَّهِ وَأَقَامُوا الصَّلَاةَ وَأَنفَقُوا مِمَّا رَزَقْنَاهُمْ سِرًّا وَعَلَانِيَةً يَرْجُونَ تِجَارَةً لَّن تَبُورَ}

{سورة فاطر، 29}

أحد أنواع التجار التي لن تبور، التبرعات (الصدقة) التي تساهم بشكل واضح وصريح بالبركة في المال وغيرها من النعم التي لا تكسد، ولا تهلك، ولا تنسى، وانما تبارك لصاحبها في حياته.

والدليل

{ يَمْحَقُ ٱللَّهُ ٱلرِّبَوٰاْ وَيُرْبِى ٱلصَّدَقَٰتِۗ وَٱللَّهُ لَا يُحِبُّ كُلَّ كَفَّارٍ أَثِيمٍ}

{سورة البقرة، 276}

والدليل هنا عند ابن عباس (يربي) تعني يضاعف اجرها، ويربيها أي ينميها له.

وباعتقادي

ان العمل للأخرة يبارك لصاحبيه بالدنيا قبل الاخرة

www.ingramcontent.com/pod-product-compliance
Lightning Source LLC
LaVergne TN
LVHW082038051026
849532LV00011B/3404
* 9 7 9 8 2 3 1 1 9 3 9 4 3 *